한국에 왜 시집왔나

KB190207

이 소중한 책을

특별히 _____님께

드립니다.

60여 년 동안 한국인으로 사는
트루디 사모의 인생 이야기

한국에 왜 시집왔나

김 트루디 지음

나침반

심겨진 그곳에 꽃을 활짝 피우십시오

사람들은 내게 물어봅니다.
"왜 한국에 오셨나요?
두렵지 않으셨습니까?
힘들지 않으셨나요?"
저는 자신 있게 대답합니다.
"저는 한국에 온 것을 단 한 번도 후회한 적이 없습니다. 모든 일이 재미있고 즐겁습니다."

대학을 마치고 일주일 만에 결혼해 남편의 조국 한국에, 남편을 따라와 한국인으로 산지 반세기를 지나 60년이 넘었습니다.

60여 년 전 한국에 올 때도 하나님이 오게 하셨습니다.

60여 년간 한국에 살고 있는 지금도 하나님이 잘 살게 하십니다. 그때와 다른 것은, 하나님께서 올 때 보다 무척 많은 열매를 맺게 하셨다는 것입니다.

이는 하나님의 인도이고, 하나님의 보호이고, 하나님의 은혜입니다.

이 책은 하나님께서 저를 한국에 뿌리내리게 하시고, 여

러 모양으로 인도하셔서 아름다운 꽃을 활짝 피게 하신 일
을 조금 소개한 것입니다.

이 책이 여러 가지로 어려움 중에 있는 이들에게, 특히 다
문화 가족에게 위로와 희망과 도전이 되기 바랍니다.

우리를 푸른 풀밭에 누이시며 쉴만한 물가로 인도하시고,
우리 영혼을 소생시키시고, 하나님의 이름을 위하여 의의
길로 인도하시는 주님을 찬양합니다.

트루디

그 자리가 어떤 자리이든지 최선을 다하시는 사모님…

'심겨진 곳에 꽃 피게 하소서.'

이 말은 극동방송 이사장이신 김장환 목사님의 아내 되시는 트루디 사모님의 좌우명입니다.

저는 존경하고 사랑하는 두 분을 지근거리에서 뵈며 교제해왔는데 사모님께서 김장환 목사님을 따라 이역만리 한국에 와서 사역한 지난 60여 년을 이처럼 잘 표현한 말이 없다는 생각이 들었습니다.

그리고 그런 사모님의 내조가 오늘날 세계적인 영적 지도자이신 김장환 목사님을 만들었음은 두말할 나위가 없습니다.

이번에 출간하신 『한국에 왜 시집왔나』라는 책은 사모님께서 하나님의 은혜 가운데 심겨진 곳에서 어떻게 꽃을 피우셨는지 그리고 어떤 열매를 맺으셨는지 생생하게 보여주고 있습니다.

목회자의 아내로서, 세 자녀의 어머니로서, 선교사로서, 교육자로서, 그리고 파이를 만드는 일을 하시면서 그 자리가 어떤 자리이든지 최선을 다하시는 사모님의 모습은 깊은 인상과 함께 큰 감동을 줍니다.

저는 이 책이 다양한 사역 현장에서 이름 없이, 빛도 없이 사역하는 모든 분들에게 분명 큰 격려와 위로가 될 것을 믿어 의심치 않습니다.

아울러 모든 여건이 다 갖춰져야만 사역을 할 수 있다는 생각이 점차 늘어나는 현 시대 속에서 사모님처럼 심겨진 곳에서 하나님을 신뢰하고, 그곳에서 꽃을 피우겠다는 사람들이 더욱 많아지기를 기대해 봅니다.

트루디 사모님의 책 출간을 진심으로 축하드리며, 기쁜 마음으로 일독을 권합니다. 감사드립니다.

— 김삼환 목사(명성교회 원로목사)

눈물을 기도로 바꾸신 보석 같은 분…

이 책을 열면 서정주 시인의 〈국화 옆에서〉 시구 "한 송이 국화꽃을 피우기 위해 봄부터 소쩍새는 그렇게 울었나 보다"는 표현이 적중한 삶을 살아낸 한 여인의 아름다운 이야기가 펼쳐집니다.

서리 내리고 찬바람 부는 겨울, 모든 꽃들이 자취를 감추는 시절에 피어나는 그 고고하고 담백한 꽃이 바로 트루디 사모님이십니다. 이 책에 담긴 고난은 물론이고 이 책이 담지 못한 고난까지도 말없이 감당하시며 눈물을 기도로 바꾸신 보석 같은 여인이십니다.

6.25 전쟁을 겪고 난 벌거벗은 산하, 찌든 가난의 나라를 주님과 남편만 믿고 겁도 없이 따라나선 작은 키의 아담한 동양적 여인에겐 다만 한 송이 아름다운 꽃을 피워내고픈 소박한 기도가 잉태되고 있었습니다. 그 기도만 믿고 그 기도만 붙들고 이 땅을 찾았고 이 땅에 그녀의 꿈을 심었습니다. 그 기도가 세계 속의 전도자 빌리 킴(김장환 목사님)을 만들고 신앙의 명문가를 만들고 수많은 믿음의 열매들을 낳는 믿음의 어머니가 되게 했습니다. 사모님의 집을 드나들

던 수많은 청소년들을 한결같은 미소로 돌아보고 축복하던 트루디 사모님은 진실로 복의 통로, 복의 어미였습니다.

이 글을 쓰는 저도 트루디 사모님의 사랑을 먹고 신앙의 첫사랑의 계절을 지났습니다. 오갈 데 없었던 저는 미국 유학을 떠나기 전, 김 목사님의 집 뜰에서 약혼식을 진행했고 트루디 사모님이 준비한 따뜻한 케이크와 촛불로 사랑의 언약을 맺었습니다.

이 책은 삶의 질곡에서 고난의 가치와 기도 응답의 의미를 묻는 많은 사람들에게 희망의 꿈을 꾸게 하고, 자녀 양육의 어려움을 호소하는 많은 이들에게도 다시 마음을 넓히고 기도하게 할 뿐 아니라, 불확실한 미래를 앞에 두고 고뇌하는 모든 젊은이들에게 새로운 도전을 결심하게 하는 믿음의 교과서가 될 것입니다.

이 복되고 귀한 선물을 우리에게 남긴 믿음의 어머니 트루디의 하나님에게 감사와 찬양을 드립니다. 그리고 더 오래 건강하게 사모님이 이 땅에 우리 곁에 머무시길 함께 기원합니다.

사모님의 사랑에 빚진 수많은 사람들을 대신하여!
We love you and thank you indeed!
– 사랑을 입은 목동, 이동원(지구촌교회 원로목사)

목차

제1장 미스 트루디

제2장 아내 트루디

제3장 선교사 트루디

제4장 사모 트루디

제5장 엄마 트루디

제6장 교육자 트루디

제7장 파이샵 트루디

돌이켜보면 갈라디아서 2장 20절

나는 투병으로 감사와 함께 새로운 희망이 생겼다

2006년 가을,

강연에 초청되어 미국을 방문했다.

당시에는 강연 준비로 약간 긴장한 상태여서 내 몸의 컨디션을 잘 몰랐는데 어느 날 극심한 허리 통증을 느꼈다. 사실 허리 통증은 한국에서도 종종 있었다. 하지만 평생 병원 신세 한 번 안 진 내가 가벼운 허리 통증 때문에 병원에 갈 순 없어서 꾹 참았다.

통증은 아침에 일어날 때 미세하더니, 점심 무렵부터 격렬하게 일어나기 시작했다. 도무지 움직일 수 없는 상황에 몰리자 병원에 입원할 수밖에 없었다. L.A에 사는 딸이 급하게 병실로 달려왔다. 나는 의사 선생님의 표정이 좋지 않아 보이기에 '심각한 상태인가 보다'라고만 생각했다.

"암이 많이 진전된 상태입니다.

다발성 골수종으로 3기입니다."

암이라는 말에 나보다 딸 애설이가 더 놀랐다. 나는 3기 암이라는 의사의 말에 '주님… 암이라네요'라고 말했다. 의사는 나보고 "왜 그렇게 미련하게 혼자 참았느냐"라고 말했다. 아플 때 병원에 가지 않았으니 병이 깊어진 건 당연한 일이었다.

"제가 나이가 많은데 수술할 수 있을까요?"

"최선을 다해 봐야죠. 마음 굳게 먹으셔야 합니다."

다행히 의사의 표정을 보니 곧 죽을 정도로 심각한 상황은 아닌 듯싶었다. 그것만 해도 어디인가….

주님께서 의사의 말을 통해 암을 알려주실 정도면, 내가 당장은 죽지 않아야 할 이유가 있다는 뜻이었다.

나는 감사와 함께 새로운 희망이 생겼다.

그 당시 수술을 하고 치료하는 과정이 얼마나 험난했는지 모두 말할 수 없지만, 아이들과 남편의 기다림도 그에 못지않게 고통스러웠을 것이다. 나는 시시때때로 고통을 참으면서도 마음속으로 아이들과 남편을 위해 기도했다.

'주님, 저를 위해 기도하고 있을 자녀들과 제 남편의 마음을 위로해 주시고 주님의 뜻대로 인도하여 주시옵소서.'

다행히 수술은 무사히 끝났고, 한동안 항암 치료와 방사선 치료를 받고 난 후 퇴원할 수 있었다. 수술을 하면서 척추의 일부를 절단해야 했기에 처음엔 제대로 걸을 수가 없었다.

딸 애설이에게 걸음마를 가르칠 때처럼 이번엔 내가 애설이에게 걸음을 배워야 했다. 계단을 오르는 법, 자동차에 타는 법 등을 하나하나 다시 배우면서 나는 또 한 번 주님께 감사했다.

'제가 평소에 아무렇지 않게 했던 행동들을 처음부터 다시 알게 해주시고, 제 마음을 낮춰주시니 감사합니다.'

애설이는 1년이 넘는 치료 기간 동안 나를 정말 성심성의껏 돌봐주었다. 한국에 있는 아들들이 자주 올 수 없던 터라, 전적으로 딸에게 기댈 수밖에 없었다. 미국에서 사는 딸에게 잘 해주지도 못했는데 병간호까지 받으니 무척 미안한 마음이 들었다.

미국 LA에서 딸 김애설 교수와 함께

"내가 얼른 완쾌해야지.
네 가족 보기에도 미안하구나."
"엄마는 무슨 말을 그렇게 해요.
안 그래도 엄마 불편할까 봐 우리가
얼마나 마음을 쓰고 있는데…."

애설이는 매일 저녁마다 내 손을 잡고 병이 완쾌될 수 있
도록 기도해 주었다. 딸의 눈물 어린 기도를 아마 나는 평생
잊을 수 없을 것이다. 내가 지금처럼 빨리 회복될 수 있었던
까닭도 주님께서 딸과 가족들의 기도를 들어주셨기 때문이
아닐까 생각한다.

몸이 어느 정도 회복되고 난 다음부터는 걷기 운동을 다
시 시작했다. 예전처럼 많은 거리를 걷지는 못하지만, 동네
를 가볍게 한 바퀴 도는 것만으로도 기분이 상쾌해지고 몸
이 가뿐해졌다. 걷는 것의 유익함 중에는 육체적 건강뿐 아
니라 정신적 건강도 포함돼 있는 것 같다. 특히 조용한 아침
시간에 여유를 갖고 걸으면서 기도를 하면 교회 안에서 기
도할 때와는 또 다른 깊이 있는 교제를 주님과 할 수 있다.

나는 가족, 혹은 두세 명의 사람들과 같이 걷는 것이 즐겁
다. 함께 있으면 함께 걷고 싶다. 친구들과 걷는 것도 좋고,
혼자 걷는 것조차도 좋다. 운전하는 것보다도 걷는 것이 더

좋다. 걸으며 느끼는 즐거운 시간을 사람들과 나누고 싶다.

종종 혼자 걸을 땐 지금까지 해온 일과 앞으로 하고 싶은 일에 대해 생각한다.

어느 날 산책을 하는데 내 안의 성령님께서 이런 목소리를 들려주셨다.

"만약 너에게 이런 고통이 없었다면
나와 이렇게 친밀하게 대화할 수 있었겠느냐.
이렇게 작은 일에도 감사할 마음이 들었겠느냐.
네가 지금보다 온유해질 수 있었겠느냐.
너를 너무나 사랑하기 때문에 이 시련을 주었다.
네가 아파할 때 나 역시 십자가를 지며 걸었고,
네가 고통 속에서 울 때
나도 함께 눈물 흘렸다."

나는 수술하고 회복되는 과정에서 주님과 더욱 친밀한 관계가 되었다.

내가 천국 보좌에 한 걸음씩 다가설수록 나를 조금 더 내려놓고 주님을 더욱 의지하도록 하시는 주님을 끊임없이 찬양하길 원한다.

암 수술 후 둘째 아들 요한이 나를 위해 만들어준 노래 가사를 소개하면서 주님께서 나를 여기까지 오게 하시고 주님과 함께 걷게 하신 은혜를 나누고 싶다.

「따스한, 따스한 엄마의 마음.
외로움 몰아칠 때에.
눈물을 글썽케 하네.

따스한, 따스한 엄마의 손길.
오늘도 잊을 수 없어.
오늘도 아른거리네.

따스한, 따스한 엄마의 말씀.
괴롬에 잠 못 이룰 때,
또다시 일으켜주네.

따스한, 따스한 엄마의 기도.
하루도 멈추지 않아.
오늘도 날 살게 하네.

따스한, 따스한 엄마의 숨결.
날마다 나를 부르니.
입가에 미소를 띠네.」

제1장 미스 트루디

Trudy

잊을 수 없는 나의 어린 시절

　　　지금도 사람들은 내게 "미국 사람인데도 동양인처럼 생겼다"라는 말을 자주 한다. 머리카락이 갈색인데다 체구도 아담하고 작아 동양적으로 보인다는 뜻인가? 지금은 익숙한 얘기지만, 내가 미국에서 어린 시절을 보낼 땐 그런 점을 특별히 신경 쓰지 않았던 것 같다.

　나로 말하면 오히려 작은 체구 때문에 친구들에게 'flea(벼룩)'라는 별명으로 불렸다. 아담한 걸로 치면 코알라처럼 귀여운 동물도 있을 텐데 왜 하필 벼룩이었을까?

　어쩌면 작은 체형 덕분에 빌리(Billy: 김장환 목사) 눈에 띄었던 건지도 모르겠다. 빌리는 내가 열심히 아르바이트를 하

학창 시절 미국 미시간 주 레이크뷰에 있는 자택 앞에서

는 모습을 보면서 반했다고 말하지만, 그 이면엔 외모의 영
향도 분명히 있을 거라고 짐작해 본다. 갈색 머리에 갈색 눈,
게다가 160cm 남짓한 키는 어쩌면 한국에 보내시기 위해
하나님께서 맞춰주신 최적의 신체 조건이 아닐까?

정겨운 나의 고향, 레이크뷰(Lakeview)

내가 태어난 곳은 인구가 1천여 명이 되는
미시간 주의 작은 마을이다.
사 남매 중 셋째로 태어났는데, 호숫가가 보이는 마을에서 친척들과 이웃들이 모두 대가족처럼 어울려 살았다. 커다란 호수가 보인다고 해서 동네 이름도 '레이크뷰(Lakeview)'라고 불렸다. 호숫가에서는 헤엄도 치고 고무보트를 타면서 친구들과 놀았는데, 대개는 예수 믿는 가정의 아이들이었다.

우리 가족들과 친척들은 모두 감리교회를 다녔다.

주일에 일가친척이 모두 모여서 같은 교회에서 예배드리는 모습을 떠올려보면 요즘은 좀처럼 보기 힘든 정겨운 풍경이 아니었을까 싶다.

누군가 내게 어린 시절의 기억 중에서 가장 좋았던 부분을 꺼내보라고 한다면, 조용한 주일 오후의 산책을 꼽겠다.

레이크뷰의 우리 집에서 몇 마일 안 되는 거리에는 숲이 예쁘게 우거져 있었는데, 여름과 가을에 거닐기에 딱 좋았다.

내 기억으로 큰 오빠는 주일 오후에는 대부분 집에 남아 공부를 하곤 했다. 오빠는 평일에도 등록금 마련을 위해 일하며 그 돈을 다 저축할 만큼 성실했고, 그런 오빠에게 주말은 꼭 공부를 해야만 하는 시간이었을 것이다. 오빠는 늘 바빴기 때문에 주로 언니 페기와 남동생 허브, 아버지와 함께 손을 잡고 걸었다.

여기저기 흩어진 나뭇잎과 솔잎 사이를 걸으면 바삭바삭 소리가 났는데, 누가 가장 큰 소리를 내는지 보는 것은 꽤

Peggy(언니), Roland(오빠), 나,
Herbert(동생)
– 왼쪽 위부터 시계방향

나 즐거웠다. 최선을 다했지만 나는 남동생만큼 소리를 내지도 못했고, 당연히 내 소리는 우리 가족 중에서 가장 작았다. 아마 가장 큰 발을 가진 사람이 가장 큰 소리를 낼 수 있었던 게 아닌가 싶다.

주일은 항상 즐거웠다.
가끔 교회 강연자를 우리 집 저녁 식사에 초대하기도 했고, 리다 이모의 시골집에 들르기도 했으니까. 하지만 나는 자유롭게 걸으며 이야기를 나눴던 그 시간, 오후의 신선함 속에서 함께했던 그 시간이 가장 좋았다. 삶의 계획과 꿈에 대해 이야기하며 함께 내딛던 그 모든 걸음들은 내게 가장 소중한 추억이자, 가장 즐거운 취미로 자리 잡았다. 창조주 하나님과 벗이 되는 시간이자, 생각하는 이 시간을 선물해 주심에 온전히 감사할 수 있는 순간이었다.

우리는 식물과 나무와 새, 혹은 곳곳에서 종종걸음 치는 작은 생명체들까지, 그들의 이름을 배웠다. 때론 특이한 식물과 야생화를 보기도 했는데, 숨이 멎을 것 같던 그 순간을 잊을 수가 없다.

아버지는 사람을 사랑했고, 미시간에서의 당신의 유년 시절을 우리에게 들려주는 것을 좋아하셨다. T형 포드 자동차를 몰던, 지금보다 훨씬 '어린 어른'이었던 시절의 이야기를 말이다. 그중엔 교회에 걸어갈 수 없을 만큼 눈이 쌓여 말과 마차를 타야 했던 이야기도 있었다. 여담이지만, 그 마차가 고급은 아니었을 것 같기도 하다.

우리는 어떤 날엔 소풍 도시락을 챙기기도 했고, 몬트칼 카운티의 평화로운 타마락 호수에서 수영을 하기도 했다. 호수 한가운데에도 작은 섬이 있었고, 작은 고무보트의 노를 저으며 섬으로 향할 때 해적이나 모험가 흉내를 내곤 했다. 호수나 아주 작은 섬에선 무엇을 찾을 수 있을까….

나는 그 모든 것들을 상상했다.

가끔씩 나타나는 큰 늑대거북이들과 우리가 고무보트를

가지고 있다는 사실이 나를 기쁘게 했다.

어머니는 주로 집에서 독서를 하거나 친구, 친척들과 환담을 나누며 시간을 보내는 것을 더 좋아하셨다. 하지만 우리는 아버지와 숲을 걸으며 희망과 꿈을 나누는 것의 즐거움을 알아버렸기에 그냥 집에 있을 수만은 없었다.

'걷는다'는 것은 상쾌하고 좋은 운동이었지만, 그 이상의 의미가 있었다. '걷는다'는 것은 누군가와 함께한다는 것이었다. 우린 서로의 마음을 나누고, 웃고, 들으며 그 모든 순간에서 '경청'을 배웠다.

부모님은 대학 시절 시카고에 있는 감리교회에서 만나 졸업 후 곧바로 결혼하셨다. 아버지 러셀 스티븐스(Russell Stevens)는 퍼듀 대학(Purdue University)에서 공학을 전공했다. 고등학교 때 전교에서 1등을 한 어머니 메리 톰슨(Mary Thompson)은 맥머리(McMurray)의 여자대학에서 장학금을 받으면서 스페인어와 프랑스어를 전공했다. 두 분의 젊은 시절 사진을 보면 정말 잘 어울리는 커플이다.

부모님이 대학을 졸업하던 1929년의 미국 경제 상황은 그야말로 최악이었다. 아버지는 직장을 잡지 못하자 할아버지가 사는 미시간 주 메코스타(Mecosta)로 이사를 갔다. 메코스타는 집마다 서로 떨어져 있는 시골마을로 어떤 곳은 30

분을 걸어도 사람을 만날 수 없을 만큼 한산한 곳이다.

1948년 무렵에 경제 상황이 좀 나아지자 우리 가족은 메코스타에서 자동차로 15분 떨어진 레이크뷰로 이사를 왔다.

레이크뷰는 미시간 주 다섯 개의 큰 호수 외에도 많은 호수가 있는 마을로 동네에 슈퍼마켓도 있고 학교도 있어서 메코스타보다 생활환경이 훨씬 좋았다. 거기서 100년 된 2층짜리 호텔을 구입해 여섯 채로 분리해서 다섯 채는 세를 주고 나머지를 우리 가족이 썼는데, 넓고 시원해서 가족들이 모두 좋아했던 기억이 난다.

우리 부모님은 평생 동안 신앙생활을 성실하게 했다. 그 덕분에 나와 형제들도 신앙을 일찍부터 키울 수 있었다.

아버지는 자동차 부속을 만드는 페드럴 모걸사에서 일했는데, 조용한 성격이지만 늘 다정하게 나를 대해주었다. 고등학교에서 스페인어를 가르친 어머니는 "여자도 사회 활동을 해야 한다"라는 말을 자주 하며, 예의와 질서를 지키고 친구와 잘 지내야 한다고 조언해 주었다.

우리 사 남매는 학교에서 돌아오면 가사를 분담해 맡은 일을 했다. 저마다 아르바이트를 해서 자기 용돈은 스스로 마련했다.

부모님이 맞벌이를 하셔서 생활 형편이 어려운 건 아니었지만, 자립심을 키워주기 위한 두 분의 교육철학이었던 것 같다.

나는 중학교 1학년 때 토요일에 하루 종일 옆집 아기를 돌봐주고 1달러를 받는 일도 했다.

깐깐한 아주머니의 매섭지만 장난스러운 눈빛이 지금도 생각난다.

"아이가 자주 보채는데 잘 할 수 있겠니, 트루디?"

아줌마가 물으면 나는 천연덕스럽게 아이를 안으면서 대답했다.

"그럼요, 저한테 맡겨주세요."

아주머니는 내가 요령껏 아기를 돌봐주는 모습에 감탄하는 눈치였다.

쉽게 보채는 아이, 자꾸만 안아달라는 아이… 이미 여러 번 아기를 돌봐준 경험이 있던 터라 어렵지 않게 해낼 수 있었다. 아기 보는 게 힘들다 싶으면 재우면 된다는 요령도 있었다. 고등학교에 입학하고 부모님에게 정식으로 용돈을 받기까지 나는 이런저런 아르바이트를 하면서 용돈 버는 재미와 일의 보람을 찾을 수 있었다.

하나님, 당신은 누구신가요?

어릴 때는 주일마다 교회에 꾸준히 가긴 했지만 구원에 대한 확신은 없었다. 부모님은 모두 신실한 신자였는데, 어머니는 젊은 시절 선교사를 꿈꿨을 정도로 하나님에 대한 비전을 갖고 있는 분이었다.

"엄마, 예수님이 어떻게 나를 구원해 줄 수 있죠?"

이렇게 물을 때면 어머니는 "예수님이 십자가에 달려 돌아가심으로 네 죄를 용서해 주셨다"라고 설명해 주었다. 하지만 나는 예수님의 죽음과 내 죄가 어떤 연관성이 있는지 좀처럼 이해가 가지 않았다.

'날 위해 죽으신 예수님은
왜 나를 한 번도 만나러 와주지 않으실까?'

나는 하나님께서 사람을 만드시고, 예수님을 보내 십자가에서 죽기까지 인간을 사랑하셨다는 걸 인정했다. 하지만 사람이 천국에서 영원히 산다는 건 목사님 설교나 어머니 조언만으론 속 시원한 대답을 얻을 수 없었다.

목사님이 주일 예배 때 "우리는 예수님으로 인해 문제를 해결 받고 영생, 즉 영원한 생명을 선물로 얻었다"라는 말씀을 하실 때마다 나는 속으로 이렇게 기도했다.

'예수님, 제가 영생과 천국을 믿을 수 있도록
제 마음속에 찾아와주세요.'

나는 그 후 몇 년 뒤 중학생 때 빌리 그레이엄 전도 대회
에 참석해서 기도의 응답을 받게 되었다.
그때까지 성령체험이 없었던 내게 하나님께서는 빌리 그
레이엄 목사를 통해 말씀으로 성령을 부어주셨다.
"여러분은 죄인입니다!
혹시 죄가 없다고 생각하는 사람이 있다면,
무릎을 꿇고 하나님께 기도해 보세요!
주님께서는 당신도 모르는 내면의 깊은 죄까지
깨끗하게 해결해 주십니다!"

빌리 그레이엄 목사는 예수님의 구원 역사를 설명한 뒤
"오늘 이 자리에서 예수님을 영접하라"라고 외쳤다.
그 한마디에 내 가슴이 쿵쾅거리며 뛰기 시작했다.

'내 안에 성령님이 찾아오신 걸까?
이렇게 벅차오르는 마음은 뭐지?'

나는 그 순간까지 내 안의 성령님을 인정하지 않았다. 하
지만 성령님은 이미 오래전부터 그곳에 계셨던 것처럼 매우
친근하고 구체적으로 내 기도에 응답하고 계셨다.

'트루디, 나는 네가 간절히 기도하기 전부터 이미 너를 알고 있었단다. 하지만 내가 너를 얼마나 사랑하는지 알려주기 위해 이 집회로 너를 인도한 거야.'

그것은 분명한 주님의 목소리였다.

나는 그 순간 비로소 '예수님의 십자가 보혈로 구원을 얻었다'라는 확신을 얻게 되었다. 설교를 끝낸 그레이엄 목사가 "예수 믿을 사람은 앞으로 나오세요"라고 말하자 나는 주저 없이 단상으로 뛰어나갔다. 그리고 그레이엄 목사를 따라 영접 기도를 하고 "나는 구원을 받았다"라고 외쳤다.

그때의 심정은 이루 말할 수 없을 정도로 벅찬 감동과 기쁨으로 꽉 찬 상태였다. 나는 속으로 '하나님, 이제 주님이 원하시는 삶을 살겠습니다'라고 몇 번이나 기도했다. 나는 그때 비로소 천국에 대한 확신을 얻을 수 있었다.

어머니, 천국에 먼저 가 계세요

"어머님이 많이 위독하세요. 아무래도 미국으로 오셔야 할 것 같아요."

1983년 2월 초, 어머니가 입원했다는 소식을 듣고 미국 병원으로 뵈러 갔다. 그때 어머니 나이는 82세였는데 당뇨

부모님과 함께

를 잃고 계신 터라 곧 천국에 가실 것 같은 예감이 들었다. 나는 마음속으로 어머니를 축복해 드렸다.

"엄마, 제가 한국에서 사느라고
자주 찾아뵙지 못했지만 마음만은
늘 함께 있었다는 걸 아실 거라 믿어요.
자식들을 모두 훌륭하게 키우셨으니
천국에 가시면 주님이 면류관을 주실 거예요."

어머니는 내 예상대로 그로부터 한 달 뒤에 돌아가셨다.

장례식에는 짐바브웨에 가 있는 롤런드(Roland) 오빠가 참석한다는 연락이 왔지만 나는 굳이 가보지 않았다. 이미 영혼이 천국에 가 계신 분인데 장례식이 어머니에게 큰 의미가 없다고 생각했기 때문이다.

나는 이후 1998년에 환갑이 되었을 때 비로소 아들 부부와 함께 어머니 묘를 찾았다. 생전에 어머니는 늘 페기 언니가 모셨다. 미국에서는 전통적으로 딸들이 부모를 모시곤 한다. 어머니는 생전에 한국을 두 번 다녀가셨는데 한 번은 빌리의 후견인이었던 칼 파워스(Carl Powers)와 함께, 그리고 또 한 번은 페기 언니의 딸인 돈(Daun)을 데리고 왔었다. 어머니가 한국에 왔을 때 수원중앙교회의 우리 교인들 중 많은 분들이 선물을 전해주었다. 어떤 교인은 옷을 여러 벌 만들어 선물하기도 했다.

남편은 어머니가 오셨을 때 용돈도 드리고 한국의 곳곳을 관광시켜드렸다.

미국 사위들은 보통 장모에게 용돈을 주지는 않는다. 그래선지 어머니는 사위가 주는 용돈을 받고 무척 좋아하셨다. 어머니는 전두환 전 대통령을 비롯해 한국 정계의 높은 분들에게 초청을 받아 식사를 대접받은 적도 있다. "한국 사위 덕분에 호강한다"라고 아이처럼 좋아하는 어머니를 보면서 나도 기분이 무척 좋았다. 자기 부모에게 잘해주는 남편을 둔 아내라면 누구나 자랑스러워할 것이다.

페기 언니는 어머니 생전에 최선을 다해 모셨다. 그런데 만약 내가 미국에 살았더라면 어머니를 직접 모셨을 것이다.

어머니는 결혼 후 한국으로 건너온 내가 잘 살고 있는지 언제나 걱정을 하셨다.

이따금씩 전화를 걸면 "남편이랑 아이들을 잘 챙겨주어라"라고 하시면서 선교가 하나님의 일임을 늘 강조하셨다.

어머니는 남편이 1973년 서울 여의도 광장에서 열린 빌리 그레이엄 한국 전도대회에서 통역을 맡고 미국에 알려졌을 때 무척 좋아하셨다.

사위가 유명해져서라기보다, 우리 부부가 한국에서 선교를 잘하고 있다는 점에 안심하셨던 것 같다.

어머니는 결혼 전에도 혼혈아인 손주들이 한국 생활을 잘할지 염려하셨는데, 그 점에 특히 안심을 하는 눈치였다. 점점 나이가 들어가는 나는 지금도 가끔씩 어머니가 보고 싶어서 혼자 조용히 눈시울을 붉히곤 한다.

내가 즐겨 부르는 노래 중에 「인생은 미완성」이라는 노래가 있다.

가사 중에 "인생은 미완성~~, 사랑은 미완성~~"이라는 부분이 있는데 이 노래를 읊조릴 때마다 세상에 완벽한 것이란 없다는 생각을 되새긴다. 아무리 잘난 사람도 인생의 모든 일을 제 마음대로 할 수 없고 다소간의 차이는 있지만 어느 만큼의 시간이 지나면 우리 모두는 하늘나라로 가야 한다. 때문에 우리는 지금, 오늘, 현재를 존중하며 살기 위해 최선의 노력을 해야 한다.

영적 리더십을 키워준 밥 존스(Bob Jones) 학교

나와 형제들이 졸업한 밥 존스 학교는 유치원부터 대학원까지 있다.

엄격하기로 유명하다. 학교에서는 늘 성경 요절을 일주일에 3개씩 외우도록 했고, 매주 드리는 채플에 늦으면 가차 없이 벌점을 주었다.

한 학기에 벌점이 150점이면 제재를 받는다. 일종의 학사 경고인 셈이다. 일거수일투족이 벌점과 관련이 있었으니 행동거지를 바로 하지 않을 수 없었다. 물론 이렇게 엄한 규율을 못 버티고 학교를 그만두는 학생들도 한 학기에 10%나 됐다.

하지만 이런 규율과 관계없이

밥 존스 고등학교 시절

나는 기숙사 생활이 오히려 즐거웠다.

아무래도 어릴 때 부모님께 엄한 교육을 받았기 때문이었던 것 같다.

밥 존스 학교의 장점은 세계 각국에서 온 다양한 학생들을 만날 수 있다는 것이다. 당시 이미 기독교 명문으로 소문난 학교였기 때문에 기독교 교육을 받길 원하는 유수의 인재들이 몰려들었다. 채플 시간에는 당시 유명한 미국 목회자들이 돌아가면서 설교를 했다. 나는 지금도 그때 들었던 설교가 내 젊은 날 신앙의 토대가 되었다고 생각한다.

거부할 수 없는 데이트 원칙

지금 생각해 봐도 이상한 일이지만, 나는 언제나 주변에 남자 친구가 많았다. 그렇다고 내가 특별히 미인이라거나 이성을 사로잡는 매력을 갖고 있는 것도 아닌데 둘러보면 여자들보다는 남자가 훨씬 많았다.

밥 존스 고등학교에서는 입학하자마자 상급생인 올린 하틀리에게 데이트 신청을 받았다.

밥 존스에서는 이성 간에 걸을 때는 거리를 5인치(12.7cm)

내로 좁히면 안 된다는 것과 여성이 남성의 데이트 제안을 거절할 수 없다는 규칙이 있다.

나는 체구가 작은 올린이 마음에 들지 않았지만 어쩔 수 없이 수락할 수밖에 없었다. 데이트를 수락함과 동시에 어머니 얼굴이 떠올랐다.

"일단 대학에 들어갈 때까지는 공부에 집중해야

대학생 시절

한다. 딴 생각하거나 행실을 바로 하지 못하면 중간에 다시 데려올 거야!"

올린과는 교회나 음악회에 몇 번 간 것으로 그쳤지만, 데이트를 하는 내내 어머니 말이 떠올라서 제대로 말도 못 붙였던 기억이 난다.

한 번은 린든 플라워스라는 잘생긴 남학생이 내게 말을 걸었다.

내가 린든하고 대화하고 있는 모습을 본 친구들은 나를 부러운 눈길로 쳐다봤다.

린든 옆에 있던 밥 존스 3세(밥 존스 학교 재단 설립자이며 총장이었던 밥 존스 박사의 손자)는 내 학생증을 냉큼 가로채더니 내게 "여자 친구가 되어줘"라고 말했다. 그는 당시 기지와 재치가 넘치던 아이로 여학생들에게도 인기가 많았다. 나 역시 밥 존스 3세가 싫지 않았고, 어색한 상황을 무마하기 위해 그 제안을 받아들였다. 밥 존스와 나는 매일 강당이나 식당에 갈 때 함께 많은 얘기를 했고, 음악회에도 여러 번 함께 갔다.

하지만 밥 존스 3세와의 교제도 그리 길지 못했다. 1학년 여름방학 때 미시간으로 두 달 동안 다녀온 사이에 밥 존스 3세가 다른 여학생과 교제를 하게 된 것이다.

밥 존스 3세와의 교제가 하나님의 뜻이 아니었다고 생각했다.

빌리에게서 데이트 신청 편지가 온 것은 그로부터 2개월 후의 일이다.

키 작은 동양인 남학생 빌리

빌리는 학교에서도 항상 유명했다.

동양인이었지만 축구부 주장이었다.

남편 김장환(왼쪽 첫 번째) 목사가 밥 존스 대학교 재학 시절 축구부 주장으로 활동하던 모습

시상식 후 웅변 선생님과 함께

그리고 웅변대회 상은 언제나 그의 차지였다. 교내는 물론 그린빌 지역대회와 사우스캐롤라이나주 대회, 전국 대회까지 차례로 휩쓸었다. 한국인 유학생이 고등학교 웅변대회에서 최고상을 받는 건 굉장히 놀라운 일이다. 때문에 당시 학생들 사이에서 빌리는 '스타' 대접을 받았다.

밥 존스에서는 남학생이 여학생에게 데이트 신청할 때 반드시 편지를 먼저 보내야 했다. 규정상 교내 극장에서 공연하는 연극이나 음악회는 남녀가 함께 봐야 했기 때문이다. 여학생들은 공연이 있는 날은 누구에게서 초청장이 올지 다들 궁금해했다.

나는 보통 초청장을 5장쯤 받았는데 빌리도 내게 편지를 보낸 남자들 중 하나였다. 나는 빌리의 이름이 적힌 초청장을 보면서 가슴이 설레었다. 친구들이 말하길, 그 편지는 빌리가 여학생에게 보낸 최초의 편지라는 것이다.

"식당에서 서빙하고 있는 모습이 좋아 보였어. 나와 함께 음악회에 가지 않을래?"

나는 편지를 통해 빌리가 전부터 나를 눈여겨보고 있었다는 사실에 놀랐다.

그렇다면 왜 진작 편지를 보내지 않았던 걸까?

나중에 들은 얘기지만 빌리는 영어 선생님의 도움을 받아 그 러브레터를 썼다고 했다. 그는 여학생들에게 인기가 많았음에도 가난한 동양 남학생한테는 관심이 없을 거라고 짐작해 망설이다가 나를 보고 용기를 내 편지를 쓴 것이다.

드디어 음악회에 가는 날!

나는 벨벳 드레스를 한껏 차려입고 빌리 앞에 나타났다. 여학생들에게 인기가 많은 빌리에게 선택을 받았으니, 다른 여학생들에게 얕보이면 안 되겠다는 생각에 아침 일찍부터 치장을 마친 뒤였다.

빌리 역시 멋지게 차려입었지만 다소 긴장한 모습이었다. 아마 내가 자기보다 키가 더 클지 어떨지 걱정하는 눈치였다.

하지만 나는 그때 빌리가 키가 작다는 사실에 별로 개의

치 않았다.

　빌리가 공연장에 들어갈 땐 나를 먼저 들여보내주었고 안에서도 의자를 빼주는 등 신사다운 매너를 충분히 갖추고 있었기에 외모는 그리 중요하지 않았다.

　음악회가 끝나고 헤어질 무렵, 빌리는 기숙사 앞에서 내 앞을 턱 가로막았다. 그 또래 아이들은 보통 "잘 자"라고 말하며 헤어지는 게 고작이었던 터라 나는 좀 긴장되었다.
　'혹시 5인치 규정을 어기고 키스라도 하려나?'

　나는 사람의 속을 꿰뚫어보는 듯한 빌리의 시선에 얼굴이 새빨갛게 변했다.
　가슴이 두근거렸다. 그의 얼굴이 점점 더 다가오더니 나에게 이렇게 말하는 것이었다.
　"헤어지기 전에 함께 기도하자, 우리."
　나는 '우리'라는 말에 가슴이 더 뛰기 시작했다.
　기도 내용은 단순했다.
　음악회에 잘 다녀온 것에 감사하고 앞으로도 빌리와 내가 하나님 뜻대로 살게 해달라는 것이었다.
　키스를 할 것이란 내 순진한 예상과 달리, 첫 만남을 하나님께 감사로 돌리는 빌리의 모습에 나는 감격했다. 빌리는 무척 신사다운 남자였다. 그때 나는 '이 남자의 신앙과 인격이라면 앞으로 계속 만나도 되겠다'라고 생각했다.

'김장환'은 어려워

빌리는 대학교 1학년 때부터 교회에서 간증 설교를 하기 시작했다.

그는 이미 고등학교 3학년 때 신학과에 진학하기로 결심하고 주말마다 선배들과 시골로 전도 집회를 다녔다. 나 역시 빌리가 강단에 선 모습을 몇 번 봤지만, 학생들에게 빌리의 강연은 특히 깊은 인상을 남겼다.

어떤 날은 비행기를 타고 아칸소 주에 가서 복음을 전하기도 했다.

암암리에 유명세가 퍼지자 빌리는 대학교 3학년 때쯤엔 이 도시 저 도시로 불려 다니는 유명 강사가 되었다. 빌리가 바빠지면서 주말에 나와 함께 지낼 시간은 별로 없었다. 하지만 그 점이 서운하기보다 마치 내가 빌리의 일을 하는 것인 양 뿌듯함을 느끼곤 했다.

"빌리는 한국에서 어떻게 자랐어요?"
한 번은 빌리의 어린 시절이 궁금해 물어본 적이 있었다.

빌리는 자신이 한국전쟁 때 우연히 어떤 미군의 눈에 띄어 하우스보이가 된 사연과, 어머니의 반대를 무릅쓰고 미국까지 오게 된 사연을 들려주었다.

빌리는 당시 칼 파워스라는 미군 상사의 눈에 띄어 미국 유학을 결심했는데, 칼 파워스는 당시 크리스천이 아니었는데 한국전쟁의 참상을 보면서 자신이 단 한 명의 아이라도 구해야겠다는 생각을 했다고 한다.

칼 파워스 상사와 하우스 보이 김장환

하지만 당시 환갑이었던 빌리의 어머니는 10년이라는 유학 기간 동안 아들을 보지 못한다는 말에 미국행을 허락하지 않았다고 한다. 그러나 아들의 결심으로 결단을 내렸고, 미국으로 가기 전날 옷에 부적을 달아주며 흙 한 봉지를 싸주었다고 한다. 아들의 건강과 복을 기원하는 한국식 풍습이었던 것이다.

"만약 빌리가 미국에 오지 못했다면 이렇게 유명한 전도자가 될 수 없었겠죠?"

이야기를 듣는 도중에 묻자 빌리는 보일 듯 말 듯 한 미소를 띠면서 대답했다.

"트루디도 만날 수 없었을 테고…."

어린 소년인 빌리는 겁도 없이 아무것도 모른 채 미군을 따라나섰지만, 나는 그 이면엔 그를 미국으로 인도하신 하나님의 섬세한 섭리가 계획돼 있었다고 믿는다.

전쟁 통에 방과 후엔 나무를 하러 뒷산에 가야 했던 어린 소년….

그의 앞날을 내다본 하나님의 섭리가 그를 미국으로 보내셨던 게 아닐까?

나는 미국에 있을 때 빌리의 한국 이름 대신 영어 이름을 불렀다.

'김장환'이라는 한국 이름은 발음이 너무 어려웠다. '장'과 '환'이란 글자가 모두 입을 오므렸다 펴야 하는데 'Billy'는 그냥 휘파람 불듯이 부르기 쉬웠다. 빌리는 가끔 그런 내게 "김장환, 김, 장, 환. 이렇게 발음해 봐"라며 일부러 내 발음을 두고 놀리기도 했다.

당시 빌리는 영어를 썩 잘하지는 못했다.

각종 웅변대회에서 상을 타긴 했지만 영어 발음이 약간 이상한 데다 문법이 틀릴 때도 많았다. 하지만 내게는 그런 점이 오히려 귀엽게 느껴졌다. 친구들에게 "발음이 이상한 게 빌리의 매력 중 하나"라고 말하면, 친구들은 내게 "빌리한테 푹 빠지긴 빠졌다"라며 나를 놀렸다.

거절당한 첫 번째 프러포즈

내가 고등학교 3학년, 빌리가 대학교 2학년이 되었을 때 우리는 정식으로 데이트를 시작했다. 지금 생각하면 좀 우스운 얘기지만 나는 고등학교를 졸업한 후 빌리에게 "결혼하자"라고 프러포즈를 한 적이 있다.

"난 대학 졸업 안 한 여자와 결혼 안 해."

나는 진지하게 말을 꺼냈지만 빌리는 나의 첫 번째 프러포즈를 단칼에 잘라버렸다. 대신 "나와 결혼하고 싶으면 대학을 졸업해"라고 말했다. 당시엔 빌리가 대학을 졸업하면 한국으로 돌아갈 것 같은 조바심 때문에 꺼낸 말이었지만 사실 한국에 가서 살 생각은 하지도 못했다. 내게는 한국이 너무 먼 나라이기도 했지만, 아직 결혼할 나이도 아니었기 때문이다. 하지만 빌리는 내 말을 단지 흘려듣기만 한 건 아니었다.

"대신 고등학교 졸업 반지를 서로 바꿔 끼면 어떨까? 그럼 우리가 서로를 믿고 있다는 증표가 될 테니까."

빌리의 말에 나는 감격의 눈물이 핑 돌았다.

남편 김장환 목사와의 데이트

서로 교제하고 있으면서도 정식으로 사귄다는 생각이 들지 않았던 터라 빌리의 배려가 어떤 확신을 주는 것만 같았다.

이후 나는 빌리와 같은 해에 대학을 졸업하겠다는 계획을 세우고 공부에 전념했다. 학기 중에는 최대한 수강 신청을 많이 했고, 방학 때는 서머스쿨에 다녔다. 고향 집에 갈 때는 어머니에게 라틴어를 배워 학점을 채웠다. 어머니는 교사 자격증이 있었기 때문에 수업을 받으면 정규 교육으로 인정받을 수 있었다.

대개는 밤 11시까지 공부하고도 새벽에 일어나 공부하는 일이 많았다.

3시간만 자고 공부했던 적도 있다. 그러면서도 평일에는 식당에서 서빙, 토요일에는 세탁소에서 아침부터 저녁까지 아르바이트를 했다. 정말 하루하루가 정신없이 흘러갔다. 이런 노력 끝에 빌리가 대학교 3학년 때 나도 같은 학년으로 진급할 수 있었다. 빌리는 이미 4학년 과목을 상당수 이수한 상태였고, 나는 이제 막 시작하는 단계였지만 빌리와 함께 공부할 수 있다는 것만으로도 가슴이 벅찼다.

'빌리와 함께 졸업하면 정식으로 프러포즈를 받을 수 있을 거야.'

그렇게 부푼 마음으로 매일 도서관에서 살다시피 했다.

하지만 어느 날 생각지도 못했던 위기가 찾아왔다. 도서관에서 가끔 마주치는 돈이라는 남학생과 얘기하고 있는 내 모습을 보고 빌리가 오해를 했던 것이다. 나는 돈 옆에서 빌리에게 반갑게 인사했지만, 빌리는 창백한 얼굴로 아무 말 없이 그냥 지나가버렸다. 나는 '무슨 안 좋은 일이라도 있나?'하면서 걱정하긴 했지만 그 일을 크게 신경 쓰진 않았다.

그날 저녁 빌리는 기숙사까지 날 찾아왔다.

"그 남자는 누구야?"

"돈은 도서관에서 알게 된 친구예요."

빌리는 내 말을 듣더니 손에서 끼고 있던 반지를 빼주면서 말했다.

"우리 헤어지는 게 좋겠어."

내게 설명할 기회도 주지 않고 그렇게 딱 한 마디를 하는 빌리를 보면서 나는 큰 오해가 있다는 걸 비로소 깨달았다. 그 순간에는 이런저런 얘기를 해봐야 변명밖엔 안 될 것 같아서 조용히 빌리의 반지를 돌려주었다. 빌리가 감정적으로 동요된 상태이고, 나중에 화가 풀릴 거라고 생각해 일단 위기 상황을 넘겨야겠다고 생각했다.

하지만 그건 순전히 나의 착각이었다.

빌리는 나와 만나지 않기로 이미 결심한 것 같았다. 방학이 되고 내가 미시간에 있는 고향 집에 가 있는 동안에도 빌리는 단 한 번도 연락하지 않았다. 나 또한 빌리에게 연락하지 않아 거의 넉 달 동안 연락이 끊긴 상태였다.

4년 동안 사귀면서 처음 있는 일이었다. 지금 생각하면 서로 자존심 때문에 그랬던 것 같다. 개학을 하면 빌리가 자연스럽게 화해를 하자며 찾아오리라고 생각했지만 나만의 착각이었다.

개학을 하고 11월 마지막 주, 추수감사절을 기념하는 축구 대회가 열렸다. 나는 올해를 넘긴다면 이대로 헤어지게 될 거라고 생각했기에 마음을 단단히 먹고 빌리를 찾아갔다. 축구부 주장인 빌리를 응원하면서 자연스럽게 화해를 하면 좋겠다고 생각했다.

나는 운동장에서 몸을 풀고 있는 빌리에게 다가갔다. 빌리 또한 나를 보고 놀랐지만 일부러 아무렇지 않은 척하는 것 같았다.

"오늘 이길 자신 있죠?"

"물론."

단답형인 빌리가 야속했지만 나는 마음속에 있는 말을 전했다.

"중요하다고 생각하는 일이면 꼭 목적을 달성하기 바

라요."

"고마워."

어색하면서도 무미건조한 대화는 그리 오래가지 못했다. 경기는 시작되었고 나는 응원석에서 빌리 팀을 응원했다. 결과는 빌리 팀의 승리. 하지만 경기가 끝난 뒤 어수선한 분위기 속에서 빌리를 다시 만날 수 없었다.

나는 기숙사로 돌아와 조용히 빌리를 기다렸다.

예상대로 빌리는 저녁쯤에 나를 찾아와 말했다.

"우리, 다시 사귈래요?"

"우리가 언제 헤어졌어요?"

빌리의 말에 나는 환하게 웃으며 대답했다.

"당신의 마음을 알아보려고 반지를 빼준 건데

당신도 반지를 돌려줘서 당신 마음이 변했다고

생각했어요. 개학하고 나서 당신이 그 남학생과

아무런 사이가 아니란 걸 알았지만

자존심 때문에 다시 찾아가지 못했거든….

낮에 나를 먼저 찾아와 줘서 고마워요.

우리 다시는 헤어지지 맙시다."

빌리는 반지를 다시 내밀면서 속마음을 털어놓았다. 나는 "헤어지지 말자"라는 빌리의 말에 눈물이 핑 돌았다. 그 순간, 앞으로 우리가 결혼하게 될 것 같다는 예감이 들었다.

결혼식

빌리의 신부가 되다

1958년 5월에 빌리는 대학을 졸업했다.

나는 남은 과목을 이수하느라 그보다 3개월 늦은 8월에 졸업했다.

빌리와 나는 졸업한 지 일주일 만인

1958년 8월 8일 저녁 8시.

미시간 주 그린빌 감리교회에서 결혼을 했다.

내가 졸업 전에 빌리에게 "이제 프러포즈 할 때도 되지 않았나요?"라고 묻자 "날짜를 잡아 놨어"라고 대답해 깜짝 놀

결혼식 들러리들과 함께

랐다.

빌리도 오래전부터 나와 결혼할 마음을 갖고 있었던 것이다. 우리의 결혼식에 한국에서는 아무도 오지 못했다.

칼 파워스 상사가 빌리의 들러리 역할을 했을 뿐이다.

어떻게 보면 나는 시댁 식구 누구한테도 허락을 받지 않고 결혼을 한 셈이다. 빌리는 나와의 결혼을 결심한 뒤 한국에 '미국 여자와 결혼하게 된다'는 편지를 써서 결혼을 알렸다. 개인 전화도 없고 한국에 다녀올 여건도 못 되니 일방적으로 결정할 수밖에 없었다.

하지만 빌리와의 결혼이 마냥 호락호락했던 건 아니다.

시어머니 같은 칼 파워스의 험난한 시험을 통과해야 했기 때문이다.

파워스는 빌리를 한국에서 데려올 당시 빌리 어머니에게 "빌리를 공부시킨 뒤 반드시 한국으로 돌려보낼 것"이라고 약속했기에 미국 여자인 나와의 결혼을 반대했다. 아마 결혼하면 한국으로 돌아가기 어려울 거라고 생각했던 것 같다.

광산촌인 버지니아 주 단테의 깊은 산골에 살던 파워스는 광산촌으로 시집을 오는 여자가 없어서 결혼도 못 하고 있었다. 그랬던 그이기에 미국 여자가 가난한 한국으로 시집갈 리 없다면서 나를 못마땅하게 여겼던 것이다.

나는 파워스의 부름을 받고는 그의 집으로 가 시험당하

는 줄도 모르고 음식 준비와 집안 청소를 열심히 했다. 거리 낌 없이 집안일을 하는 나를 보고 파워스는 결국 두 손 두 발 다 들고 말았다.

"트루디 같은 여자가 있었다면
나도 결혼할 수 있었을 텐데…."
파워스는 농담처럼 그렇게 말하면서 빌리와의 결혼을 축하해 주었다. 하지만 더 큰 난관은 미국인인 우리 부모님을 설득하는 일이었다.
나는 부모님이 빌리를 반대하면 결혼하지 않을 작정이었기에 주님께 기도했다.

'주님, 빌리가 제 남편감이 아니라면
이 결혼을 막아주세요.'

물론 빌리가 너무 좋긴 했지만 가족들과 주변 사람들을 불편하게 하면서까지 결혼해선 안 된다는 게 내 생각이었다. 어머니께서는 역시나 "가난한 한국에 시집보낼 수 없다"면서 극구 반대를 하셨다. 어머니는 무엇보다 결혼한 뒤 태어날 아이들 때문에 선뜻 결혼을 승낙하지 못하셨다.
혼혈아 신분으로 한국에서 살기 힘들 테고, 나중에 미국에 와도 쉽게 적응할 수 없을 거라고 걱정했던 것이다.
어머니의 친한 친구인 교회 목사님께서 아프리카에서 오

랜 선교 생활을 했는데, 내가 한국 사람하고 결혼한다고 하자 "백인은 백인끼리 결혼하는 게 좋다"라고 조언해 주셨다. 어머니는 목사님을 포함해 주변에 여러 사람들에게 조언을 구했다.

아버지께서는 내가 예비 목사님과 결혼하는 걸 찬성해 두 분의 의견이 갈렸다. 상황이 복잡해지면서 나는 빌리와의 결혼을 망설일 수밖에 없었다.

'여기까지 와서 결혼을 포기해야 하는 걸까?'

거의 포기할 뻔했지만 주님은 빌리와의 결혼을 예비해두고 계셨던 것 같다.

어머니는 고민 끝에 밥 존스 대학교 총장을 만나 빌리가 어떤 사람인지 설명해달라고 말했다.

총장이 "빌리만한 신랑감을 찾긴 어려울 것"이라고 말하자 어머니께서도 어쩔 수 없이 결혼을 허락하기로 결심했다. 당시만 해도 국제결혼이 큰 이슈였지만, 빌리와 나는 하나님의 인도하심으로 결혼할 수 있었다.

제2장 아내 트루디

Trudy

빌리의 결심, 나의 결심

결혼한 뒤에도 우리 부부는 무척 바쁘게 생활했다.

빌리는 주말마다 설교를 했고, 많진 않았지만 그 사례비로 월세와 식료품비, 대학원 학비 등을 낼 수 있었다. 남은 돈은 꼬박꼬박 저축했다.

허니문은 꿈같은 말이었다.

주변에 어떤 이들은 빌리와 내가 너무 빡빡하게 산다면서 "신혼을 좀 더 즐겨"라고 말했지만 나는 우리의 생활에 불만이 없었다. 정신없이 바빴지만 빌리가 늘 다정다감하게 대해줘 행복하게 지낼 수 있었다. 주님의 일을 하는 남편을 따라다니는 사모의 행복을 그때부터 조금씩 알게 된 것 같다.

빌리는 결국 목표한 대로 석사학위를 받았고, 우리는 두 손을 맞잡으며 "둘이서 최선을 다해 힘을 합친 결과"라면서 좋아했다. 빌리의 이름이 알려지면서 설교를 요청하는 교회들도 많았다.

빌리는 내친김에 박사까지 하려고 했지만 가족들의 전도를 미룰 수 없다며 한국으로 가고 싶다고 했다. 그러던 어느 날 빌리는 내게 "한국으로 가야겠어"라고 선포했다. 빌리의 소망은 하루라도 빨리 늙은 어머니를 전도하는 것이었다.

신혼시절 남편 김장환 목사와 함께

평온한 생활을 이어오다가 남편의 폭탄선언을 들었지만 나는 전혀 놀라지 않았다. 내가 빌리였다고 해도 똑같이 말했을 것이기 때문이다.

내 동의를 구하고 결심을 굳힌 빌리는 한국으로 돌아갈 채비를 했다.

모든 게 편리한 미국에 살면서도 빌리는 틈틈이 한국을 향한 소망을 버리지 않았다. 나는 한국으로 돌아가기로 작정한 남편과 결혼한 이상, 빌리의 결정을 따르기로 했다.

우리는 1959년 11월 한국행 배표를 샀다. 당시 남편은 내 수입까지 모두 관리했는데, 행여 내가 돈을 다 써버리면 한국으로 돌아갈 배표를 사지 못할까 봐 그런 것이었다.

한국으로 돌아가기 전 작별 인사를 겸한 모금 여행을 떠났다. 사우스캐롤라이나에서 출발해 테네시, 노스캐롤라이나, 조지아, 버지니아, 오하이오, 미시간, 아이오와, 네브래스카 등을 돌면서 모금을 했다.

남편과 나는 늘 하나님께 이렇게 기도했다.

"매달 50달러를 지원하겠다고
약속한 단체가 있다면 한국으로 가겠습니다."

그런데 여행의 첫 번째 목적지인 캔톤 침례교회(Canton Baptist Church)에서 그 응답을 받았다.

교회 측에서 매달 50달러를 지원하겠다고 약속한 것이다. 매달 50달러 지원은 50여 년 전 당시 교회 입장에서는 큰 결정이었다.

빌리는 이후 밥 존스 출신 교회들을 돌면서 여러 번 설교했다.

"저는 가난한 한국에서 태어나 고등학생 때 미군을 따라서 미국으로 건너오게 되었습니다. 이후 피땀 흘린 노력 끝에 밥 존스 대학교를 졸업하고 한국행을 결심했습니다. 한국에 돌아가면 주님을 모르는 청소년들을 위해 일하고 싶습니다. 한국은 반드시 복음으로 변해야 합니다. 제 생각에 동의하신다면 선교 헌금을 작정해 주십시오!"

빌리의 말에 사람들은 감동했고 선교 헌금을 보내주겠다는 약속을 했다.

가는 곳마다 사람들이 큰 호응으로 반겨줘 빌리와 나는 용기를 얻을 수 있었다.

빌리와 나는 무릎을 꿇고 주님 앞에 감사의 기도를 올렸다.

"주님, 부족한 우리 부부를 사용해 주셔서
감사합니다. 한국에 돌아가면
주님의 뜻을 이룰 수 있도록 도와주세요."

나는 빌리 모르게 속으로 한 가지 기도를 덧붙였다.

'저는 한국말도 모르고,

한국에 대해 아는 것이 아무것도 없습니다.
빌리와 함께 한국에 가서 제가 할 일을
알려주시고, 낯선 곳에서 주님의 뜻을
이룰 수 있도록 인도해 주세요.'

그 당시 내게 한국은 아프리카처럼 먼 이름이었지만, 척박한 땅에서 꽃을 피울 수 있기를 마음속으로 간절히 기도했다.

멀고도 낯선 땅 한국

1959년 11월, 미국 샌프란시스코에서 메이든 크리크(Maiden Creek)라는 화물선을 타고 한국으로 향했다. 어릴 때 호숫가에서 고무보트를 타고 놀기는 했지만 그렇게 큰 배를 탄 것은 난생처음이었다.

태평양을 건너는 동안 망망대해가 끝도 없이 펼쳐졌다. 배를 타고 오는 17일 동안 남편과 내가 한 일이라곤 갑판에 앉아 책을 읽거나 대화하는 것뿐이었다.

우리 부부는 크루즈 신혼여행을 한다는 생각으로 즐겁게 지냈다. 대화의 주제는 주로 한국에서 어떻게 생활할 것인지에 초점을 맞췄다.

"한국에서는 영어를 못 쓸 텐데,
내가 한국말을 잘 할 수 있을지 걱정돼요."
"알고 보면 한국말 그렇게 어렵지 않아."
빌리는 내가 한글을 하나도 모른다는 게 걱정되는지 틈
만 나면 한글을 가르쳤다.
"자, 나를 따라 해봐. 시어머니, 안녕하셨어요."
"난 당신 한국 이름도 잘 못 부르잖아요."
나는 한국말이 낯설어 남편에게 항변했다.
그동안 미국에서는 너무 바빴기 때문에 한국어를 배울
기회가 거의 없었다. 남편은 그런 내게 자음과 모음을 가
르쳤고, 자음과 모음을 합친 '가갸거겨'를 열심히 외우도록
했다.

17일간의 긴 항해 끝
에 1959년 12월 12일 밤
8시 부산에 도착했다.
밤에 도착하는 바람에
한국의 전체적인 풍경은
볼 수 없었다. 대신 불빛
하나만큼은 점점이 아름
다웠던 기억이 난다. 샌
프란시스코와 너무 닮아
서 부산도 그처럼 좋은

한국행 선박 갑판에서

집이 많을 거라고 생각했을 뿐이다. 하지만 그건 내 착각이었다. 배에서 자고 아침에 갑판으로 나갔을 때 눈앞에는 믿을 수 없는 풍경이 펼쳐져 있었다. 아름답던 불빛은 알고 보니 수많은 오두막집에서 나온 것이었고 산은 황폐하기만 해 모든 것이 신기하고 낯설었다.

우리는 미국에서 가져온 짐을 인천행 배에 옮겨 싣도록 한 뒤 입국 수속을 밟았다.

남편과 오후 늦게 인천행 배를 타면서 나는 가슴이 두근거리기 시작했다. 남편의 가족들을 처음 만나는 순간을 눈앞에 두고 있었다.

'과연 어떤 분들일까?

만약 나를 환영하지 않으면 어쩌지?'

걱정과 호기심이 복잡하게 뒤섞이고 있었는데 남편은 갑판에서 먼 데만 보고 있었다. 아마 오랜만에 만나는 어머니와 가족들이 어떻게 달라져 있을지 몹시 궁금한 눈치였다.

1959년 12월 13일, 인천 앞바다에 화물선이 도착했다. 당시 썰물 때라서 작은 배로 옮겨 탄 뒤 갯벌까지 나가 걸어서 부두로 나왔다. 우리가 가져온 짐이라곤 픽업트럭 한 대, 작은 냉장고, 그리고 가방 3개가 전부였다. 가방 속에는 책과 전자제품 몇 가지, 그리고 옷가지들이 들어 있었다. 가방을 들고 부두로 걸어 나오는데 사람들이 구름떼처럼 몰려

있어 나는 깜짝 놀랐다. 얼핏 200명 남짓한 사람들이 우리를 뚫어지게 바라보고 있었다.

"웬 사람들이 이렇게 많지?

전부다 빌리 친척이에요?"

"아니. 나도 모르는 사람도 있는데….

오늘이 무슨 날인지도 몰라."

남편도 고개를 갸웃거렸다.

알고 보니 30명 정도는 수원에서 온 친척들이고 나머지는 미국 사람을 처음 보는 구경꾼들이었다.

"아이고, 장환아!"

남편 김장환 목사와 시어머니 박옥동 여사

우리가 사람들 가까이 가자 주름살 많은 할머니가 남편의 목을 끌어안았다.

시어머니는 8년 만에 돌아오는 아들을 초조하게 기다리다가 남편의 모습을 알아보고는 달려 나왔다. 그다음엔 돌아서서 나를 껴안고 눈물을 흘리셨다.

"네가 장환이 색시냐?

예쁘게도 생겼구나. 꼭 한국 사람 같네."

당시 시어머니의 손에서는 따뜻한 체온이 느껴졌다.

나는 '이제 한 식구가 됐다'라는 생각이 들었다.

한국에서의 며느리 수업

수원에 도착할 때쯤 날은 벌써 칠흑같이 어두워져 있었다.

초가집 마당에는 많은 사람들이 모여 있었다. 우리 부부가 들어서자 모두들 신기하다는 듯이 봤는데, 고등학생 때 미국을 떠난 빌리가 미국인 부인을 데려오자 무척 새롭게 보인 모양이었다.

나는 영문도 모른 채 시어머니를 따라 방으로 들어가서 한복으로 갈아입었다. 처음 입는 한복이라서 그런지 저고리 매무새 등 모든 것이 어색하기만 했다. 한복을 입고 나오자 누군가 내가 배가 고플 거라고 생각했는지 국수를 권했다. 마침 오랜 여행으로 시장했던 나는 반가운 마음으로 상에 앉았다.

"빌리, 포크는 어디 있어요?"

스파게티처럼 생긴 국수를 마주한 나는 젓가락 사용법을 몰라 남편에게 물었다. 빌리는 재미있다는 듯 웃으면서 "젓가락으로 이렇게 저어서 먹는 거야"라면서 시범을 보였다. 어렵게 젓가락질을 따라 하면서 국수를 집어 올리던 나는 나도 모르게 비명을 질렀다.

"국수에 웬 생선이 둥둥 떠다니는 거죠?"

잔치국수에 들어간 멸치는 마치 살아서 헤엄치는 것처럼 보였다.

나는 깜짝 놀라서 기겁을 하고 있는데 마을 사람들은 그 장면을 보고 모두 박장대소를 했다. 시어머니는 망설이는 내게 "어서 먹어"라며 먹는 시늉을 하는데 도무지 국수에 손이 가질 않았다. 국물이라도 마시려 했지만 비린내 때문에 그 또한 넘어가지 않았다. 그날 난생처음 본 김치도 신맛 때문에 손도 대지 못했다. 지금의 내 식성을 아는 사람이라면 웃음이 터질 일이지만 처음 시집왔을 때는 그랬다.

"자, 따라 해봐. 어머님, 여기 앉으십시오."

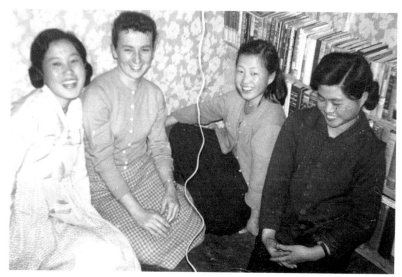
시댁 친인척, 지인들과 함께

　시어머니는 건넌방으로 나를 불러들이더니 한국말을 가르치기 시작했다.

　그 방에는 시어머니 친구들도 잔뜩 모여 있어서 어머니는 의기양양하게 나를 가르쳤다.

　"어머니, 여키 앉으시오."

　내가 어눌하게 말을 하자 또다시 폭소가 터졌다. 시어머니는 '어머니'가 아니라 '어머님'이라고 고쳐주었다. 그때는 한국말을 다 이해할 수 없었지만 시어머니가 손짓을 곁들이며 말했기 때문에 뜻은 이해할 수 있었다.

　그날 저녁에 "감사합니다" "안녕하세요"와 같은 한국어를 배웠다.

우리 집에는 큰형님 내외와 조카 9명, 시어머니, 우리 부부까지 모두 14명이 모여 살았다. 어머니는 방 3개 중 건넌방을 우리에게 신방으로 내주셨는데 미국에서 가져온 책들과 몇몇 가재도구를 풀어 놓으니 겨우 누울 공간이 남을 정도였다. 어머니는 미국인 며느리가 추울까 봐 방바닥에 담요를 깔아두셨다. 자세히 보니 전에 미국에서 선물로 보내드렸던 것이었다. 우리가 보낸 선물을 아껴뒀다가 다시 내놓는 어머님의 모습을 보면서 나는 감동했다. 그러면서 '시어머니께 사랑받을 수 있겠다'라는 약간의 자신감도 생겼다.

다음날 아침, 나는 일부러 일찍 일어났다.

미국에서도 아침 일찍 일어나는 습관이 있었기 때문에 별로 어려운 일은 아니었다. 나는 식사 준비라도 도울 생각으로 부엌으로 갔다. 예상대로 맏동서가 혼자 아침 준비를 하고 있었다. 내가 들어가려고 하자 "안 된다"라며 나를 만류했다. 결혼한 새색시는 며칠 동안 일을 시키지 않는다는 사실을 나중에야 알게 되었다.

하지만 그대로 있는 건 어쩐지 염치가 없는 것 같았다.

미국에서는 결혼한 뒤에도 자기 생계나 생활의 문제는 개인이 그대로 책임을 진다. 무엇이든 스스로 해결하는 자립심이 강했던 나는 뭔가 할 일을 찾다가 진흙이 묻은 시아주버니의 바지를 솔로 털어냈다. 그런 나를 시어머니가 말렸지만 시어머니 얼굴에는 웃음이 배어 있었다. 적응하기 위해 노력하는 내 모습이 좋아 보였던 모양이다.

미국인 며느리의 한국 음식 적응기

"또 남겼네."

시어머니는 늘 내 밥그릇에 밥을 가득 얹어주셨다. 하지만 반찬이 좀처럼 입에 맞지 않았던 나는 밥에 거의 손도 대지 못했다. 나를 생각해 달걀 프라이를 해서 올려주기도 하셨지만, 들기름 냄새 때문에 역시 먹지 못했다. 나 또한 시어머니가 정성스레 만든 음식을 성의껏 먹고 싶은데, 20여 년 동안 입에 밴 식습관은 하루아침에 바뀌지 않았다.

"어머님, 죄송한데 고추장은 너무 맵고 김치는 너무 시어요."

어쨌든 먹지 않으면 제대로 활동할 수 없었기 때문에 나는 집안에 있는 각종 과자를 찾아 먹었다. 그때 누군가 나를 위해 '센베이'라는 과자를 사다 줘서 그나마 먹을거리로 삼을 수 있었다. 한국 음식을 먹지 못하는 건 남편도 마찬가지였다. 남편은 한국 사람인데도 지난 8년 동안 입맛이 서구적으로 완전히 바뀌어버린 것이다. 게다가 남편은 나보다 비위가 약해서 시골 생활에 쉽게 적응하지 못했다.

어느 날은 남편이 나를 조용히 방으로 불렀다.
"당신, 배고프지? 과자만 먹는 것도
하루 이틀이지. 이것 좀 마셔봐."
내 앞에는 향긋한 인스턴트커피가 놓여 있었다. 남편을
잘 아는 친구가 선물해 준 것이라고 했다. 비록 미국에서 먹
던 것과 비교할 수는 없었지만, 설탕을 타서 마시니 제법
마실 만했다.
이후 커피는 센베이와 함께 내가 한국에서 마음 놓고 먹
을 수 있는 음식이 되었다. 처음엔 남편과 단둘이 몰래 마
셨는데 시어머니에게 들킨 후에는 식사 후 셋이서 나란히
마시게 되었다. 시어머니는 특히 저녁 식사 후 우리 부부와
함께 커피 마시는 걸 무척 좋아하셨다.

'이렇게 불편한 생활을 언제까지 할 수 있을까?'
잠자리에 누워 이런 생각을 하고 있노라면 나도 모르게
마음이 약해지곤 했다. 그럴 때면 내 마음속에 있는 성령님
의 조용한 음성이 들렸다.
'트루디,
나는 특별한 목적을 갖고 너를 한국으로 보냈다.
네가 조금만 참고 견디면 너는 한국에서
아름다운 꽃을 피울 수 있을 거야.'

성령님의 음성을 듣고 난 뒤에는 조용히 혼자서 찬송을 불렀다. 그러면 '이미 선교사로 각오를 하고 왔으니 불편한 것쯤은 문제가 아니다'라는 결연한 의지가 샘솟았다.

한 번은 수원 10전투 비행단의 이경철 대령이 한국 파일럿들에게 성경을 가르쳐달라고 남편에게 부탁했다. 덕분에 남편과 나는 10전투 비행단에서 미국 군인 40여 명이 이용하는 식당에서 밥을 먹을 수 있었다. 나는 지금도 그곳에서 먹었던 프라이드치킨 맛을 잊을 수가 없다. 우리는 가끔 비행단 식당에 가서 밥을 먹고 커피나 아이스크림을 사다가 가족들과 나눠 먹었다.

한국에 온 지 한 달쯤 지나자 내 입맛이 서서히 한국 음식에 적응하기 시작했다. 내가 제일 먼저 환호했던 음식은 갈비탕이다. 추운 겨울에 따뜻한 고기 국물을 먹으면 속도 풀리고 힘이 났다. 주말 저녁이면 친구가 선물한 전기 프라이팬으로 과자와 빵을 만들어 먹었는데 시어머니는 내가 만든 과자를 무척 좋아하셨다. 내가 밀가루로 과자를 만들 때마다 시어머니는 이렇게 말씀하셨다.
"미국 사람들이 왜 부자인지 알겠다.
밀가루를 갖고 별걸 다 해먹는구나."

한국 사람들이 수제비나 부침개, 국수를 해먹는 게 고작인 반면 미국 사람들은 과자와 빵을 만든다면서 신기해 하셨다. 미군 부대에서 구해온 닭고기와 버섯으로 크림 수프와 버섯 수프를 만들어드리면 "죽을 이렇게 끓일 수도 있다니 신기하다"면서 아주 맛있게 드셨다.

한국 살림이란 이런 것

봄이 되자 남편은 우리가 살 집을 짓는 일을 본격적으로 시작했다.

초가집은 14명이란 대식구가 살기엔 너무 좁았고 무엇보다 선교를 하기 위해선 좀 더 넓은 집이 필요했다.

남편은 미국에서 올 때 친구들이 모아준 500달러로 땅을 보러 다녔다. 지금이야 500달러는 큰돈이 아니지만 당시에는 상당한 액수였다.

남편은 시댁에서 도보로 20여 분 거리에 있는 인계동에 땅 1,200평을 샀다. 현장을 둘러보니 주변에 집이 단 한 채도 없는 외딴 지역이었다. 지금은 수원의 중심가가 된 인계동이지만 당시에는 땅 한 평 값이 30원에 불과한 촌 동네였다. 남편은 "혹시 미국에서 후원금이 오지 않으면 과수 농사를 지어 선교비를 충당할 계획으로 땅을 사두었다"라고

첫째 아들 김요셉을 안고 남편(왼쪽 두 번째), 지인들과 함께

했다.

집 짓는 과정을 떠올리면 지금도 웃음만 나온다.

지출을 최대한 줄이며 집을 지어야 했기 때문에 남편과 내가 할 수 있는 일은 전부 직접 했다. 설계도를 그리고 설계에 일가견이 있는 선교사의 조언을 듣기도 했다. 나는 밤마다 방에서 무릎을 꿇고 하나님께 기도했다.

'집 짓는 데 사람이 너무 부족해요.

인부를 살 돈이 없으니 주님께서

적당한 사람들을 보내주세요.'

내가 이런 기도 내용을 시댁 식구들에게 말하자 모두 "무슨 수로 그 많은 인부를 구할 수 있겠냐"라며 터무니없는 기도라고 일축했다. 하지만 하나님은 선교에 쓰일 집을 짓는 데 두 팔을 걷고 나서주셨다.

당시 남편은 시댁 옆에 있는 수원교도소에서 설교를 하고 위문품을 전달하곤 했는데 우리가 집을 짓는다는 소식을 들은 교도소 소장이 모범수들에게 건축을 도울 것을 지시한 것이다. 그때만 해도 모범수들이 모내기를 도와주는 일이 종종 있었지만, 우리 부부는 모범수들의 도움을 받으리라곤 생각지도 못했다.

'하나님이 내 기도를 들어주셨어.

주님, 감사합니다.'

모범수들이 시멘트와 빨간 흙을 적당히 섞어서 벽돌을 찍어주었다.

모범수들이 몰려와 집 짓는 걸 도와주는 모습을 본 맏동서와 시어머니는 내 손을 잡고 "트루디 기도가 이뤄졌다"라며 축하해 주었다.

우리는 집을 지으면서 지인들의 도움을 많이 받았다. 특히 오산 미군 부대에서 근무하는 댄 스튜어트 상사 덕분에 수세식 화장실을 마련했다. 남편의 지인인 스튜어트는 일본 출장길에 변기와 세면대, 펌프를 사와 우리에게 선물했다.

우리 집에 전기가 들어온 건 1966년이다.

그전에는 촛불을 켜거나 아주 어두워지면 잠자리에 들어야 했다. 우리가 돈을 들여 전봇대를 세우자 비로소 전기가 공급되었다. 전화를 걸 일이 생기면 1시간 거리인 기독회관까지 가야 했다. 1980년이 되어서야 집에 전화를 마련했다.

1970년 경부고속도로가 완공되면서 비로소 수원에도 비포장도로가 생겼다. 집이 몇 채 안 되는 우리 동네엔 10년 동안 버스도 안 다녔다.

1970년에 겨우 용인으로 가는 시외버스가 생겨 하루에 한두 번 우리 동네를 지나갔다.

혼자서 도둑과 맞닥뜨리다

처음 집을 지을 때 남편은 돈이 아까워서 울타리를 따로 만들지 않았다. 담벼락이 없다 보니 집에 걸인들이 찾아올 때도 많았다. 시골 마을에 서양식 집이 떡 하니 있으니 부잣집인 줄 알고 구걸하러 온 것이었다. 어떨 때는 하루에 10명 넘게 온 적도 있었다. 그럴 때면 나는 그들에게 돈보다 쌀을 주면서 손을 붙잡고 짧게 기도를 해주었다.

"하나님,
귀한 형제가 가난을 벗게 해주시고

어려움 가운데서도 주님을 의지하도록
도와주세요.”

그럴 때면 고맙다며 눈물을 흘리는 사람도 있었고 불쾌하다면서 돌아선 사람도 있었지만 대부분은 우호적인 반응이 많았다.

그중에는 한센병 환자도 섞여 있었다.

딸 애설이와 단둘이 집에 있을 때면 가끔 거실에서 딸의 울음소리가 크게 들리곤 했다.

“애설아, 무슨 일이야? 어머!”

화장실에서 손을 씻다가 다급하게 뛰어나온 나는 한센병 환자가 거실 유리창에 얼굴을 붙인 채 애설이를 바라보는 모습을 보고는 깜짝 놀랐다. 코도 없고 눈썹도 없어서 어른인 나도 깜짝 놀랐는데 딸아이는 얼마나 놀랐겠는가.

그런가 하면 가끔은 남편이 없을 때 도둑이 들어와 집안 물건을 집어간 일도 많다.

한 번은 지인에게 받은 하이파이 전축을 잃어버려서 무척 속상했다. 어떤 도둑은 남편의 가방을 뒤져서 선교비를 훔쳐 가기도 했다. 외국에 나가려고 준비해둔 2,000달러를 몽땅 들고 간 것이다. 그 돈은 남편이 외국에 나갈 때 유학 보낸 학생들에게 100달러씩 주기 위해 선교비로 열심히 모은 돈이었다. 아침에 도둑맞은 사실을 알고는 남편과 얼마나 허탈해 했는지 모른다.

도둑과 내가 직접 맞닥뜨린 적도 있다.

새벽에 부스럭거리는 소리에 눈을 뜨자 도둑이 어머니 시계를 들고 황급하게 달아났다. 한 번은 아이들이 모두 거실에서 자고 있을 때 새벽에 일어났다가 도둑과 마주쳤다.

"쉿! 조용히 하쇼.

떠들지만 않으면 나도 조용히 나갈 거니까.

우리 피차 험한 꼴 안 당하도록 합시다."

나는 놀라서 말도 제대로 안 나왔는데 그 역시 겁을 좀 먹었는지 물건만 들고 조용히 대문으로 나갔다. 도둑이 나간 뒤에 그 자리에서 무릎을 꿇고 하나님께 기도했다.

남편은 집을 지은 지 3년 만에 울타리를 만들어주었다.

우리 집은 거의 자잿값만 들여 어설프게 완공해서인지 처음부터 말썽이 많았다. 특히 구들을 제대로 놓지 못해 가족이 연탄가스를 일곱 번이나 마셨던 적도 있다. 기적적인 건 남편이나 아이들 모두 단 한 번도 병원에 갈 정도로 심각한 상태에 빠진 적이 없다는 사실이다. 당시 우리 집에는 함께 지내는 학생들이 많았는데 그 학생들 또한 연탄가스에 전혀 해를 입지 않았으니 하나님이 지켜주셨다고 밖에 설명할 길이 없다.

나는 함께 지내는 학생들과 성경 공부를 하거나 함께 음식을 만들어 먹으면서 즐겁게 생활했다. 시댁에 있을 때 요리를 배우지 못한 나는 여학생들에게 한국 음식 만드는 법을 배웠다.

"당신, 요즘 뭐가 그렇게 신나?"

남편은 혼자서 룰루랄라 음식을 만드는 내 모습을 보고 이렇게 묻곤 했다. 그러면 나는 '시댁에서 미처 몰랐던 식도락을 여기서 알게 됐다고요'라고 속으로 생각하며 혼자 웃곤 했다.

또 한 가지, 우리가 살던 수원 인계동에는 뱀이 많았다. 독이 있는 뱀은 많지 않았지만 아이들이 장난감처럼 가지고 놀 만큼 자주 나타났다.

집에 뱀이 자주 출현하자 나는 뱀 잡는데 도사가 되었다.

아이들은 "우리 집 뱀은 운이 나빠. 엄마한테 걸리면 그날로 끝이야"라고 말할 정도였다.

내가 처음부터 뱀을 잘 잡은 것은 아니었다.

나도 처음에는 뱀이 너무 무서웠다. 하지만 아이들이 있기에 나는 뱀과 싸워야 했다. 내 아이들을 지키기 위해 뱀이 나타나면 즉시 해결해야 했다. 그러다 보니 뱀 잡는 기술이 늘었다.

뱀 잡는 일에 집중하다 보니 뱀이 하루 중 오후 1~2시에 가장 잘 나타난다는 걸 알았다. 나는 그 시간이면 돌계단 옆에 세워둔 삽을 들고는 뱀을 기다렸다. 그리고 나타나는 즉시 삽으로 뱀의 몸을 두 동강 냈다.

'여자는 약하지만 엄마는 강하다'라는 말처럼 나는 아이들을 위해서라면 뱀도 무섭지 않았다. 뱀보다 더 무서운 것은 내 아이들이 다치는 것이었다. 아이들을 위해서라면 나는 뱀잡이가 되어도 좋았다.

빌리가 병원에 입원한 사연

남편이 언론의 집중 조명을 받았던 건 1973년 빌리 그레이엄 전도대회에서 빌리 그레이엄 목사의 설교를 통역했을 때다.

빌리 그레이엄 전도대회

그때까지만 해도 국내에는 알려지지 않은 인물이었기에 언론의 관심 대상이 아니었다. 그런데 빌리 그레이엄 전도대회 당시에는 언론의 인터뷰 요청을 많이 받았다.

"인터뷰 요청이 너무 많아.
정신이 없을 지경이야."
남편은 원래 거절을 잘 못하는 성격이다.
그래서 인터뷰도 해달라는 대로 모두 해줄 거라고 생각했다. 남편은 뭐든 대충은 못하고 빈말도 잘 못하는 성격이기에 인터뷰하느라 매일 기진맥진이었다.

1973년 빌리 그레이엄 전도 대회에서 설교 통역하고 있는 김장환 목사

빌리 그레이엄 전도대회가 거의 끝나갈 무렵 남편이 내게 도움을 요청했다.

"잠깐 몸을 피해 있는 게 어떨까요?"

나와 남편은 궁리 끝에 일반인이 접근하기 힘든 공군 병원에 입원하기로 결정했다.

당시 공군 병원 박경화 원장과 남편은 1962년 수원비행장 기지 병원에서 근무할 때 친분을 쌓았기 때문에 입원은 어려운 일이 아니었다.

공군 병원에 입원한 남편은 내게 이렇게 말했다.

"이번 대회는 빌리 그레이엄 목사님이 인도한
대회이기 때문에 주인공은 내가 아닌
빌리 그레이엄 목사님이오.
유명세라는 건 오늘 있다가 내일 없어지는
허망한 건데…. 인기를 얻고 유지하려는 건
어리석은 짓이라고 생각해요.
나는 그런 데에 소망을 두지 않아요."

나는 남편이 유명세 속에서도 겸손한 마음을 가진 데 대해 하나님께 감사했다. 이후 남편이 인터뷰를 피해 피신해 있었다는 사실이 알려지자 사람들 역시 "참 겸손한 사람"이라면서 그 일을 좋게 봐주었다. 하지만 나는 지금도 누군가의 요청을 무조건 받아주는 게 결코 좋은 일은 아니라고 생각한다.

당시 나는 남편에게 "처리할 일은 빨리 처리하고, 거절할 일은 냉정하게 거절하세요"라고 말했다. 남편이 피신해있는 동안 가족들도 결코 편치 못한 생활을 이어갔다. 기자들을 비롯해 수많은 사람들이 집으로 찾아오고, 기독회관으로 전화가 걸려와 한동안 불통이 된 적도 있다.

남편은 항상 바쁘다.

그런 남편이 '다른 사람의 무리한 부탁을 들어주는 일만 줄여도 한결 수월하지 않을까'라고 생각한 적도 있다. 남편은 부탁이 많아지면 일단 몸을 피하고 보는데, 간혹 감당하기 어려운 부탁을 하는 사람도 적지 않다. 하지만 도무지안 되는 일은 남편도 단호하게 거절하지만 그렇게 말해도사람들은 남편을 의지하고 집요하게 괴롭히는 일이 다반사다. 나는 요즘도 하루 종일 파김치가 되도록 일을 하고 들어온 남편이 곤하게 잠든 모습을 보면서 속으로 이렇게 기도하곤 한다.

'주님, 분주한 가운데서도 복음을
전파하는 일에 열심을 내도록 도와주세요.
헛되고 부질없는 일이 아닌, 주님께서 원하시는
일을 하도록 이끌어주세요.'
"내가 한국에서 너를 들어서 쓸 것이다"라고 말씀하셨던성령님의 음성은 결코 나의 착각이 아니었다.

가끔 사람들이 내게 "앞으로의 계획이 어떻습니까?"라고질문할 때가 있다. 그러면 나는 "별로 특별한 계획이 없습니다"라고 답변한다.

어떤 이는 성의 없는 답변이라고 생각할지도 모른다. 하지만 나는 지금처럼 사는 게 좋고 지금이 가장 행복하다.

평소 내가 좋아하는 명언 중에 "Live simply so that others can simply live"라는 말이 있다.

이 말은 "내가 단순하게 사는 것이 다른 사람들도 단순하게 살 수 있게 한다"라는 뜻인데 나는 "내가 너무 많은 것(권력, 물질, 인기 등)을 손에 쥐려고 한다면 그것은 다른 사람이 그것을 가질 기회를 뺏는 것이다"라는 의미로 생각한다.

나는 단순한 삶을 좋아한다.

남편은 단순함을 좋아하는 내 성격이 답답하다고 말하기도 한다. 하지만 그 단순함 때문에 나는 남편을 따라 한국에 올 수 있었다. 단순히 사랑하는 남편을 따라 모든 것이 낯선 한국에 온 것이다. 가끔 단순하다는 이유로 세상 물정을 모르는 사람 취급 당할 때도 있다. 하지만 단순함의 가치를 안다면 그럴 수 없을 것이다.

한복을 곱게 차려입고

나는 수원 원천동의 작은 커피숍에서 파이를 구우며 장애 학생들을 돕고 아이들을 가르쳤다. 이것이 내가 할 수 있는 최선이기에 이 일에 감사하고 만족한다. 단순한 삶을 실천하며 사는 것이 나의 행복이며 기쁨이다. 그리고 그 옛날 남편과 함께 한국으로 오면서 한국 사람들을 위해 일하고 싶다고 생각했던 나의 굳은 결심을 이룬 듯해 하나님께 감사하다.

제3장 선교사 트루디

24살 때 다시 중학생이 되다

1962년 나는 본격적으로 한국말을 배우기 위해 수원여자중학교에서 다른 학생들과 공부를 시작했다. 그때는 나 말고도 만학도들이 있었기 때문에 학교생활은 크게 어색하지 않았다.

당시 내 나이 스물넷. 십여 년 차이가 나는 어린 학생들과 함께 공부하면서 국어 실력이 조금씩 늘었다. 학교에서는 나에게 학생들에게 영어를 가르쳐달라고 부탁했다.

"커리큘럼은 제 마음대로 짜도 될까요?"

교장 선생님에게 이렇게 묻자, "진도만 뒤처지지 않는다면 좋을 대로 하세요"라고 말씀하셨다.

나는 전도할 수 있는 절호의 기회로 삼아야겠다고 생각했다.

수업 시간은 50분이었지만 수업을 시작하기 전과 수업을 마친 후에 말씀묵상을 하는 것이 내 방식이었다. 당시 학생들은 성경책이 없었기 때문에 내가 그날그날 묵상해야 할 구절들을 칠판에 직접 적었다.

"오늘 말씀은 마태복음 6장…."

학생들에게 복음서를 들려주려고 하면 여기저기서 웃음소리가 들렸다.

나는 학생들이 내 강의가 지루해서 그러는 줄 알았는데 그게 아니었다.

"선생님, 마태볶음은 무슨 음식인가요?"

"이스라엘 사람들이 먹는 음식인가요?"

학생들은 내 발음 때문에 '마태복음'을 '마태볶음'으로 알아들었던 모양이다. 한참 먹을 나이니 단어에서 요리를 연상하는 것도 무리는 아니었다. 그때만 해도 내 한국어 수준은 쓰기와 발음이 각각 달랐기에 학생들이 종종 헷갈리곤 했는데 말씀 공부할 때도 어김없이 그랬다. 하지만 정말 다행인 건, 기독교를 모르는 학생들이 거부감 없이 성경 말씀을 적극적으로 받아들였다는 점이다. 그때 예수를 처음 믿고 신앙생활을 시작한 학생들 중에는 지금도 연락하는 이들이 적지 않다.

나의 어눌한 한국말로 인해 발생한 에피소드는 몇 가지가 있다.

그중에 기억나는 것은 시내에 나갔다가 갑자기 배가 아파 급하게 약국을 찾았을 때의 일이다.

그런데 '배탈'이라는 단어가 떠오르지 않았다.

나는 약사에게 "배에 털이 났는데 도와주세요"라고 말했다. 그러자 약사 아저씨는 깔깔거리며 웃다가 숨이 넘어갈 지경이었다.

나는 영문도 모른 채 답답한 마음으로 마냥 기다리다가 결국 약국에서 빈손으로 나올 수밖에 없었다.

내가 자주 헷갈리는 단어 중 하나는 '합승'과 '합선' 그리고 '선불'과 '선물'이다.

다림질을 하다가 "다리미가 합승했다"라고 하거나 "택시가 합선되었다"라고 이야기해 아이들이 배꼽 빠지게 웃은 적도 있다.

또 한 번은 식당에 갔다가 식당 주인이 "선불입니다"라고 이야기하길래 "감사합니다"라고 이야기하고는 맛있게 밥을 먹고 그대로 나온 적이 있다. '선불'을 '선물'로 알아들은 것이다.

청와대 경호원의 믿음

　　지금 생각해 봐도 신기한 일인데, 나는 처음 한국에 왔을 때부터 강의나 강연 요청이 많았다. 그때까지만 해도 미군을 제외하면 한국에 사는 미국인이 드물었기 때문이다. 한 번은 남편이 청와대 경호원들을 대상으로 설교를 한 적이 있는데 그 일을 계기로 내가 그곳에서 영어를 가르치게 되었다.

　　경호원들에게도 영어를 가르친 뒤 10~20분 정도 간단하게 성경 말씀을 함께 묵상하도록 했다. 그쯤에는 성경을 억지로라도 볼 수 있게끔 하는 요령이 생겼는데, 성경 말씀을 매주 2절씩 외워오도록 했다.

　　한 번은 어떤 경호원이 나에게 이렇게 물었다.

　　"사모님, 누가복음 7장에 나오는 백부장이라는 사람이 참 흥미롭네요. 백부장이 뭔가요?"

　　"백부장은 100명의 병사들을 지휘하는 지휘관을 뜻하는 말이에요. 당시 로마의 군대는 백부장 아래 십부장이 있고 위로는 천부장이 있었어요. 신약성경에 소개된 백부장들은 하나같이 좋은 사람으로 소개되고 있죠. 예수님의 무덤을 지키던 책임자도 백부장이었어요."

　　성경을 보면 이 백부장은 하인이 병들어 죽게 되자 예수님께 고쳐줄 것을 간청한다. 예수님은 백부장의 청을 흔쾌히 받아들여 백부장의 집으로 가려고 하셨다. 그때 백부장은 예수님에게 "내 집에 들어오심을 나는 감당치 못하겠나이다"라고 말했다. 그리고 "말씀으로만 명령하십시오. 그러면 내 하인이 낫겠삽나이다"라는 말로 자신의 믿음을 입증했다. 예수님의 명령 한 마디면 하인의 병을 고칠 수 있다는 믿음이 있었던 것이다.

나는 경호원들에게 "여러분의 기도가 가족과 친구, 동료들의 병을 고칠 수 있다는 믿음을 갖길 바랍니다"라고 말하며 그들을 위해 기도했다.

그런데 며칠 뒤 수업을 들었던 한 경호원에게서 전화가 걸려 왔다. 벅찬 감정을 주체하지 못해 숨을 몰아쉬던 그는 "저희 어머니의 폐렴이 나았어요"라면서 내게 고맙다는 말을 전했다.

전후 사정을 몰랐던 나는 "제가 한 일이 없는데요"라고 말했다.

그러자 그의 대답이 내 마음을 유쾌하게 했다.

"사모님께서 병든 사람을 위해
믿음으로 기도하면 낫는다고 하셨잖아요.
그 말을 생각하면서 저희 어머니 건강을 놓고
기도했어요.
매일 병원에서 받은 약만 드시면서

고생하시는 어머니가 안쓰러웠거든요.
그런데 기도한 지 일주일이 지나자
기침을 전혀 안 하시는 거예요.
폐렴이 깨끗하게 나은 거죠.”

나는 경호원에게 “백부장 못지않은 훌륭한 믿음을 갖고
있다”라고 칭찬해 주었다. 처음에 마지못해 성경공부를 시
작했던 그가 예수님을 영접하고 치유의 은사까지 받았으니
놀라운 일이 아닐 수 없었다. 지금도 나는 간증할 기회가
있으면, 그 경호원의 고백을 다른 사람들과 나눈다. 그의 간
증을 통해 ‘주님이 하시는 일은 누구도 예상할 수 없을 만
큼 깊고 오묘하다’는 것을 다시금 확인할 수 있었다.

제4장 사모 트루디

Trudy

침례교세계연맹 총회장의 사모

2000년 1월, 호주 멜버른에서 전 세계 각 지역 침례교 대표 1만여 명이 참석한 가운데 제18차 BWA(Baptist World Alliance: 침례교세계연맹) 총회가 열렸다.

이날 남편은 동양인으로는 최초로 침례교세계연맹의 총회장으로 선출되는 영광을 누렸다.

당시는 한국이 지금보다 상대적으로 덜 알려진 나라여서, 남편의 총회장 선출은 세간의 주목을 받았다. 1억 5천 명이 넘는 세계 침례교인을 대표하는 한국인 목사라니! 자랑스러운 일이었다.

당시 김대중 대통령도 호주 대사를 대회장에 보내 축전을 대독케 했는데, "21세기를 여는 첫해에 침례교세계연맹 총

회장으로 취임하신 걸 진심으로 축하한다"라며 기뻐하셨다.

나 또한 가족들과 함께 남편의 취임을 보기 위해 동행했다.

세계 각국에서 온 1만 명 넘는 참석자들로 대회장은 역동적인 에너지가 넘쳤고, 모두들 새로운 총회장의 당선에 기대를 갖는 분위기였다.

남편은 다소 상기된 표정이었지만 긴장하는 것 같진 않았다.

남편은 이미 1973년에 100만여 명이 운집한 빌리 그레이엄 전도대회를 비롯해 다수의 대형 전도 집

김장환 목사 세계침례교 총회장 선출

회를 치른 경험이 있었다.

남편이 단상으로 나갈 때 나를 비롯한 가족들도 함께 올라갔다.

내가 "당신 표정이 조금 긴장한 것 같아요"라고 귀엣말을 하자 남편이 나를 보면서 가볍게 미소를 지었다.

침례교세계연맹은 지난 1905년부터 5년마다 주로 올림픽이 열리는 나라에서 세계대회를 열어 선교와 인권 문제 등을 논의하고 지원한다.

제18차 총회에서는 2000년 희년을 맞아 최빈국의 외채 탕감을 호소하고, 재해를 당한 제3세계 국가에 300만 달러 구호 기금 지원이 결의되었다. 11개국에서 모인 1만여 명이 넘는 침례교 대표들은 남편의 총회장 선출을 박수로 추인해 주었다.

총회에서는 태국 국경 난민 캠프에서 미얀마 카렌족 난민들을 돌보고 있는 시몬 목사가 침례교세계연맹 인권상을 받기도 했다.

지난 17차 대회에서는 지미 카터 전 미국 대통령이 세계 평화에 기여한 공로로 이 상을 받았다.

남편은 원래 높은 자리에서 사람들의 추앙을 받는 걸 꺼려하는 사람이지만, 이날만큼은 침례교인들의 축하를 받으면서 진심으로 기뻐하는 눈치였다. 얼마 전까지 총회장으로 선출될지도 모른다는 얘기를 들었을 때 나는 속으로 이렇게 기도했다.

'주님, 지금껏 남편이 하는 모든 일에 동행해 주셨으니, 이번 일도 잘 감당할 수 있게 해주세요. 설령 총회장이 되지 않는다고 해도 주님 뜻으로 받아들이고 감사할 수 있도록 도와주세요.'

남편은 "총회장이 되면 하나님께서 유용하게 쓰시도록 어려운 일에 순종하고 싶다"라는 바람을 내비치곤 했다.

나는 그 말을 듣고 남편이 빌리 그레이엄 전도대회 때 열성적으로 통역을 맡았던 일을 떠올렸다. 남편은 빌리 그레이엄 목사와 혼연일체가 돼 헌신적으로 통역을 했다. 남편 말에 따르면 그때 많은 이들이 복음을 알게 되었고, 목사와 선교사가 되기로 결심한 이들도 많았다고 한다. 또 일생 동안 교회에 나가지 않은 이들도 남편의 통역을 통해 전해진 빌리 그레이엄 목사의 설교를 듣고 감동을 받기도 했다고 한다.

나는 남편의 목회 일생에 두 번 찾아오기 힘든 그 순간이 총회장 선출로 인해 재연될 수 있다는 기대감을 갖게 되었다.

한국에 돌아온 뒤 주변의 어떤 분이 남편이 침례교세계연맹의 총회장에 당선된 걸 축하한다면서 고급 승용차를 선물했다.

남편은 평소에 경차를 타고 다녔기에 청와대나 정부기관에 들어갈 때면 입구에서 막힐 때가 있었기 때문에 요긴하게 쓰일 수 있었다. 하지만 남편은 거절을 하기 위해 "기름값을 대주면 타겠다"라고 했는데 그분은 한 달에 기름값 명목으로 50만 원을 통장으로 보내기 시작했다. 덕분에 외국에서 손님이 오거나 청와대 또는 정부기관에 갈 일이 생기면 그 차를 이용할 수 있게 되었다.

"유명해지니까 좋은 점도 많네요.
이런 고급 승용차를 또 언제 타보겠어요."
나는 남편이 총회장 당선 이후로 우쭐해지면 어쩌나 하는 마음에 남편을 은근히 떠보았다. 그런데 남편은 오히려 나를 옆 눈으로 보더니, "혹시 총회장 부인이라고 누구에게

덕 볼 생각일랑 하지 말아요"라면서 주의를 주었다.

남편은 이 일로 혹시 내가 우쭐해지면 어쩌나 걱정이 되었던 모양이다. 하지만 나는 거꾸로 '남편이 총회장이 되었으니 활동하는데 더 제한이 있겠구나'라고 생각했다.

목사 남편과 살면 우쭐해질 일이 애당초 없다.

사람들은 "목사님께서 그렇게 유명하시니 사모님은 얼마나 좋으시냐"라고 하지만 천만의 말씀이다. 나는 사람이 유명해지는 게 그 사람의 영혼에 유익된 점이 별로 없다고 생각하는 편이다. 남편이 총회장에 당선된 것이 내게는 외국에 나갈 일이 더 많고, 지금보다 더 바빠진다는 것 그 이상의 어떤 의미도 없었다.

예상대로 총회에서 돌아오자 남편은 여기저기 인터뷰 요청이며 집회 초청에 참석하느라 눈코 뜰 새 없이 바빴다. 하지만 나는 한 번도 남편이 총회장이란 지위를 내세워 누군가에게 대접받는 걸 본 적이 없다. 남편이 세계적으로 유명한 목회자가 된 이후에도 신앙의 초심을 지키고 있는 것 같아서 늘 주님께 감사한다.

부부는 닮는다고 했던가. 평소 거절을 잘 하지 못하는 남편처럼 나 역시 성도들의 청탁에서 자유롭고 싶은데 실상은 그렇지가 않다. 지금은 그런 경우는 없지만 예전에는 동네 아주머니들이 돈을 빌려달라고 찾아오는 경우가 종종 있었다.

한 번은 병원 청소 일을 하면서 어렵게 사는 분이 나를 찾아와 "내가 돈을 갚지 못해 딸이 섬으로 팔려가게 생겼다"라고 하소연을 했다.

"사모님, 딱 100만 원만 있으면 그 아이를 살릴 수 있어요. 무턱대고 애를 데려가서는 '돈을 갚지 않으면 인신매매로 넘겨버릴 테니 그리 알라'고 하는데 제가 가진 돈이 없어요. 제발 도와주세요. 저에게 돈을 빌려주시면 꼭 갚겠습니다."

지금도 100만 원은 큰돈이지만, 당시에는 웬만한 월급쟁이 한 달 월급에 해당되는 큰돈이었기에 나는 머리가 어지러웠다.

'주님, 이 자매님의 사정을 도울 수 있는 물질을 저에게 허락해 주세요.'

나는 그 자매를 위로한 다음, "일주일 뒤에 다시 한번 찾아오세요"라고 말한 뒤 일단 돌려보냈다. 그렇다고 딱히 대책이 있는 건 아니었다. 그처럼 서럽게 우는 자매를 보니, 아이를 키우는 엄마로서 마음이 아파서 도와주고 싶은 마음이 들었던 것이다.

'주님이 어떻게든 해결해 주시겠지…'

그렇게 생각하고 그날 이후부터 새벽마다 그 자매를 생각하면서 기도를 했다. 그런데 며칠 뒤 여의도 순복음교회 조용기 목사님께서 내 생일을 축하한다며 100만 원을 축하금으로 주시는 게 아닌가!

조용기 목사님

10만 원만 모자랐어도 발을 동동 구르면서 애가 탔을 텐데 그 자매에게 필요한 금액을 딱 맞출 수 있게 되었으니, 정말 주님은 완벽한 분이시라고 혼자 감탄을 했다.

'이건 하나님이 그 자매를 도우라는 뜻으로 주신 거야. 혹시 그 자매가 내게 거짓말을 한 것이라고 해도 나보다 가난한 사람이니 어떻게든 돈 쓸 일이 있겠지.'

나는 이튿날 은행 앞에서 그 자매를 만난 뒤 두 말도 않고 돈을 건넸다.

그는 나를 끌어안고 한참을 울더니, "사모님이 우리 딸을 살리셨습니다"라면서 연신 고맙다는 말을 되풀이했다.

그런데 내게 100만 원을 받아 간 뒤부터 그 자매가 나를 슬슬 피하는 게 아닌가!

내가 돈을 갚으라고 독촉하는 것도 아니고, 그저 딸이 어떻게 되었는지 궁금해 말이라도 붙이려 하면, "급한 일이 있

50번째 생일을 맞아 수원중앙침례교회 성도들이 마련한 축하 파티에서

어서요"라면서 자리를 피했다. 나는 속으로 '혹시 정말 나한테 거짓말을 한 건가?'라고 생각했지만, 기도로써 받은 돈이니 미련을 두지 않기로 했다.

그런데 10여 년이 훌쩍 지난 어느 가을 저녁, 집에서 식사를 하고 있는데 학교 여직원이 "어떤 분이 사모님을 찾아왔어요"라면서 전화를 걸어왔다. 누구냐고 물으니 "은혜 입은 사람이라고 전해달라고 합니다"라고 말했다. 옷을 챙겨 입고 사무실에 갔더니 나이 드신 아주머니가 달려와 나를 껴안고 눈물을 흘렸다. 10년이 넘었지만 나는 그 아주머니가 내게 100만 원을 빌려 간 사람이라는 걸 알 수 있었다.

"사모님, 제가 그때 100만 원을 빌려 갔는데
형편이 안 되어서 못 갚았어요.
그때 돈을 빌려주신 덕분에 딸을 찾아올 수
있었어요. 딸은 지금 결혼해서 잘 살고 있지만
저는 사모님께 빌린 돈이 늘 마음에 걸렸어요.
그래서 이번에 퇴직금을 받아서
그 돈을 갚으려고 달려왔습니다."

아주머니는 150만 원을 주면서 50만 원은 이자라고 했다. 그 돈을 받으면서 나 역시 아주머니를 껴안고 눈물을 흘렸다.

10년도 지난 일인데 그동안 빌린 돈 때문에 마음고생을 했을 아주머니가 안쓰러웠고, 뒤늦게라도 돈을 들고 온 그 마음이 고마웠다. 나는 돈을 받고 싶지 않았지만, 아주머니의 권유에 100만 원만 받았다. 이제야 빚을 갚은 아주머니는 홀가분한 표정으로 말했다.
"사모님이 저를 미워하면 어쩌나 걱정했는데
이렇게 맞아주셔서 감사합니다.
사모님을 보면 '예수님이 이 땅에 계신다면
저런 모습이겠구나'라는 생각이 들어요.
저도 이제부터 교회에 나갈 거예요.
돈을 갚고 나니 마음이 너무 후련하네요."

나는 아주머니와 손을 잡고 그동안 살아온 얘기를 나누었다. 1시간이 넘게 대화를 나누고 돌아가면서 "꼭 다시 찾아뵙겠다"라고 말하는 아주머니의 뒷모습을 나는 지금도 잊을 수가 없다.

사모라는 감투 대신 섬김의 기쁨을

"아니, 사모님 세계적인 목사님 사모님이 어떻게 이런 일을 하세요. 저는 높은 사모님이 이런 일하시는 거 처음 봤어요. 어머나 세상에."

어떤 성도들은 내가 교회 건물 곳곳을 청소하는 모습을 보면 깜짝 놀라면서 이렇게 말한다.

어릴 때부터 집안 청소를 하는 버릇을 들였기 때문에 딱히 의식을 하진 못하지만 성도들 눈엔 그게 특별하게 보이는 모양이다. 칭찬을 듣자고 하는 일이 아닌데 성도들이 내 앞에서 너무 감탄을 하면 도리어 민망해질 때가 많다.

한 번은 교회에서 한 자매가 반갑게 인사를 해서 잠깐 얘기를 나눌 기회가 있었다. 그 자매는 자신이 수원 JC클럽 회원의 아내라며, 오래전 JC 클럽에서 우리 교회를 빌려 노인들을 대접할 때의 일을 잊지 못한다고 말했다.

"교회 식당에서 JC 클럽 부인들이 음식 준비를 하는데 사

수원중앙침례교회 성도들과 함께

모님도 함께 계셨어요. 그때 음식 찌꺼기 때문에 하수구가
막혀 물이 내려가지 않자 몇 사람이 젓가락을 들고 낑낑댔
었죠. 그런데 사모님이 맨손으로 혼자서 음식물 찌꺼기를
전부 긁어내셨잖아요. 그 모습을 보면서 '저런 분이 다니
는 교회라면 나도 다녀야겠다'라는 생각을 했어요. 지금은
제가 가족과 친척들을 전도해서 모두 교회에 나가게 되었
어요."

　나는 기억력이 좋은 편이라서 그때의 일을 곧바로 떠올릴
수 있었다.
　워낙 그렇게 청소하는 게 몸에 배어서 그런지 딱히 의식
하고 한 행동은 아니었다. 하지만 내 사소한 행동을 통해

그 자매와 가족들이 예수를 믿게 됐다는 말에 마음에 기쁨이 샘솟았다.

주님은 마태복음 5장 16절에서 "너희 착한 행실을 보고 하늘에 계신 너희 아버지께 영광을 돌리게 하라"라고 말씀하셨다. 부족한 나를 통해 예수님이 영광을 받으신다면 삶의 보람과 기쁨이 넘치게 된다.

나를 잘 모르는 사람들은 가끔 내가 일하는 모습을 보고 교회 미화원으로 착각하기도 한다.

수원중앙기독 초등학교를 개교한 지 얼마 안 됐을 때의 일이다.

큰며느리와 둘이서 수영장 청소를 하면서 축하 화분이 많이 들어와서 수영장 안에다 화분을 옮겨놓고 정성껏 가꾸었다. 수영장 바닥을 닦고 화분을 옮기는데 어떤 자매가 며느리에게 이렇게 말하는 게 들렸다.

"어머, 저 외국인 청소부 어디서 구했어요?

굉장히 열심히 일하네."

그 말을 들은 며느리가 웃으면서 "저분은 제 시어머니세요"라고 대답했다. 그 자매는 민망한 얼굴로 내게 "몰라봬서 죄송합니다"라며 몇 번이나 인사를 하고 돌아갔다.

학교에 외국인 선생이 많아서인지 청소부도 외국인이라는 소문이 돌았던 것이다.

수원 중앙기독초등학교에서 청소를 위해 이동하며

우리 학교와 원천침례교회에서는 나뿐만 아니라 모든 사람들이 틈만 나면 청소를 한다. 청소를 하는 데 누구나 적극적인 분위기를 만들어가고 있기 때문이다. 청소는 인간에게 주어진 가장 근본적인 의무이기도 하지만, 작은 일에서도 주님의 영광을 드러낼 수 있는 좋은 기회이기도 하다.

남편에게 용돈을 타서 쓴 나

　　　　　선교 초기에 남편의 수입이라고는 미국 기독 봉사회에서 보내주는 선교비에서 약간의 급여를

떼는 게 전부였다. 그러다 외국에서 오는 선교비가 점차 줄어들자 1980년대부터 비로소 교회에서 월급을 받기 시작했다. 외국에서 오는 선교비 총액은 줄지 않았지만 한국 화폐 가치가 높아져 원화로 환산할 때 금액이 줄어들었던 것이다.

남편은 1960년부터 수원중앙침례교회 협동 목사로 일하던 중 1966년에 담임 목사로 정식 부임했지만 사례비는 1980년부터 받기 시작했다.

남편은 극동방송 사장으로 일하면서도 월급을 받은 적이 없고 오히려 집회에 가서 받은 사례비도 모두 극동방송에 입금한다. 주변에서 내게 이유를 물으면 나는 "모금과 자원봉사로 운영되는 방송사 사장이니 당연한 일"이라고 말한다. 사람들이 남편에게 개인적으로 주는 선교비는 모두 비서가 관리한다. 남편은 그 돈으로 사람들을 도와주고 기념일이 되면 후원자들에게 작은 선물을 보낸다.

남편은 선교 초기에 여러 가지 일을 해도 월급은 한 곳에서만 받는다는 원칙을 세운 뒤 지금까지 지키고 있다. 그 철칙은 두 아들에게로 이어져 요셉과 요한도 교회에서만 사례비를 받는다. 집회에 참여해 받은 사례비는 모두 선교 헌금으로 쓴다.

나 역시 중앙유치원 원장(1979~2017년)으로 일하면서 내 월급을 내가 써본 기억이 없다. 직원에게 월급 통장을 맡겨놨다가 유치원에서 돈이 필요하면 찾아오게 했다. 유치원이 늘 돈이 부족해 교회에서 지원을 받고 있는데 내 몫만 덜렁 챙길 수는 없었기 때문이다.

"여보, 나 생활비 좀 줘요."
이미 지나간 이야기이지만 나는 돈이 필요할 때면 남편에게 조금씩 타서 썼다.
내가 이런 말을 하면 "에이, 설마 지금도 그렇게 하세요?"라며 믿지 않는 사람들도 있었는데 사실이다. 신혼 초에는 시장 갈 때마다 5백 원, 1천 원을 받던 게 조금씩 인상돼 시장 갈 때는 5만 원, 서울 갈 때는 그보다 조금 많다. 요즘은 어떤지 모르겠지만, 예전만 해도 한국 남자들은 아내에게 월급을 모두 맡기고 용돈을 타서 썼다.
솔직히 필요할 때마다 돈을 얻어 쓰면 불편한 점이 한두 가지가 아니다. 특히 남편이 해외에 나가면 돈이 없어서 시장에 못 갈 때도 있었다.

"초등학생도 아니고, 돈이 필요할 때마다 조금씩 타서 쓰는 아내는 대한민국에 나뿐일 거예요. 한 번에 좀 많이 줘 봐요. 그래야 다급할 때 쓸 거 아니에요?"
내가 이렇게 항의하면, 남편은 시큰둥하게 대답했다.
"교회에 통장을 맡겨놨으니 꼭 필요하면 얼마씩 찾아 쓰도록 해요."

그 말을 들은 즉시 부리나케 교회 사무실로 찾아가 돈을 달라고 했더니 3만 원을 건네주었다. 나는 평생 동안 복권을 사본 적이 없는 사람이지만, 복권에 당첨된 사람의 기분이 아마 그와 비슷할 거라고 생각했다. 요즘이야 3만 원은 애들 용돈 수준이지만, 당시 나에겐 그야말로 일확천금에 버금가는 돈이었다.

한 번은 미국에서 어머니가 오셔서 직원에게 돈을 좀 더 찾아달라고 했다.

"사모님, 죄송한데 이 달엔 세 번 다 찾아가셨기 때문에 더 드릴 수가 없어요."

'응? 이게 무슨 소리야?'

남편이 "돈이 필요하면 얼마씩 찾아 써"라고 했기에 부탁했지만, 남편은 그 직원에게 "한 달에 세 번 이상은 주지 마세요"라고 당부했던 것이다. 남편은 매달 10만 원씩만 맡겨두었는데 나는 그동안 2만 원씩 세 번, 즉 6만 원을 찾아 썼던 것이다. 여하튼 잔액이 남은 셈이니 "그래도 남은 돈을 주면 안 되겠어요?"라고 했더니 그 직원은 "목사님께 혼쭐이 난다"면서 거듭 양해를 구했다.

그 사실을 알고 난 뒤부터는 매달 10만 원을 다 찾아서 썼다.

처음엔 그 정도였지만 차츰 인상을 요구해 100만 원이 조금 넘는 돈을 받아쓰셨다. 그 사실을 아는 교회 직원들은 그 돈으로 생활을 유지한다는 것에 놀라곤 하지만, 실은 전혀 부족하지 않았다. 교인들이 이것저것 생활에 필요한 것들을 가져다주기 때문이다. 게다가 남편은 선교를 위해 한 달에 반 정도는 집을 비우니까 생활비가 그다지 많이 들지 않았다. 혹시 먹을 게 없으면 아래층 아들네 집에 가서 얻어먹어도 되니 걱정 없다.

요즘은 물질에 매인 사람들이 많아서 사모들조차 돈에 예민하게 반응할 때가 있다. 살림을 이끄는 아내로서, 목사인 남편을 뒷바라지하는 조력자로서 물질적인 어려움을 고스란히 감내하고 있으니 자연히 그럴 수밖에 없다. 하지만 나는 돈이 많지 않아도 하나님의 뜻대로 사는 데 전혀 문제가 없다고 생각한다. 꼭 필요할 때가 아니라면 돈을 쓰지 않으며, 긴급한 상황에서는 어떤 경로를 통해서든 주님이 채워주신다는 걸 믿기 때문이다.

제5장 엄마 트루디

Trudy

삼 남매의 유학 이야기

　우리 집 삼 남매는 모두 유학을 했다.

　아이들이 미국에서 유학하는 동안 나는 손편지를 써서 보냈다.

　요즘은 인터넷이랑 국제 전화가 일상이 된 세상이지만 그때만 해도 서로의 소식을 전하는데 편지만한 것이 없었다. 그래서 일주일이 멀다 하고 아이들에게 편지를 썼다.

　한 통의 편지에 세 아이를 위한 이야기를 모두 담아도 됐지만 나는 아이들 각자에게 하고 싶은 말을 담아 한결같이 세 통의 편지를 보냈다.

　낯선 땅에서 유학하는 동안 엄마의 편지는 큰 위로와 선물이었다고 말해주었다. 특히 공부를 포기하고 싶거나 한국으로 오고 싶은 마음이 들 때면 내가 손으로 꾹꾹 눌러 쓴 손편지를 보며 마음을 다잡았다고 했다.

특히 요한이는 열 살이라는 어린 나이에 부모와 떨어져 낯선 땅에서 지낸 유학 생활이 결코 쉽지 않았다고 말한다. 요한은 가족이나 집이 그리울 때면 TV에서 보았던 만화 영화 〈엄마 찾아 삼만 리〉의 주제가를 부르며 그리움을 삼켰다고 했다.

어린 시절 유학 경험이 있는 요한은 다른 사람들이 조기 유학에 대해 물으면 "권장할 만한 일이 아니다"라고 한다. 요한은 "아이들에게 필요한 것은 조기 유학이 아니라 조기에 부모의 사랑을 충분히 누리는 것"이라고 한다.
나 역시 이 말에 전적으로 동의한다.

우리 집 삼 남매는 어린 시절에 유학을 하며 집에서 멀리 떨어져 있어도 어머니와 아버지가 끊임없이 기도하고 있다는 것을 알았다. 그 사랑의 기도가 자신들에게 용기를 주었고 앞으로 살아가는데 값진 유산으로 남았다는 것을 우리 아이들은 믿었다.

남편을 닮은 요셉

요즘은 국적이나 피부색만 갖고 외국인을 차별하는 일이 덜하지만 예전에는 '혼혈아'에 대한 사회적 편견이 무척 심했다. 아이들을 키우면서 다른 한국 아이들처럼 당당하게 행동하라고 가르쳤지만, 아이들 나름대로는 알게 모르게 마음고생한 적이 많았을 것이다.

내가 남편과 결혼한다고 했을 때 가장 반대를 많이 한 사람은 우리 어머니다. 어머니가 가장 우려했던 점은 내가 한국에서 혼혈아를 낳아 잘 키울 수 있느냐는 것이었다. 혼혈아를 배척하는 당시의 사회적 분위기를 감안했을 때 우리 부부는 비교적 잘 해왔다고 생각하지만, 현장에서 투쟁하는(?) 아이들 입장에서는 결코 호락호락하지만은 않았을 것이다.

첫째 아들 요셉의 경우엔 늘 외국인 엄마에 대해 이중적인 생각을 갖고 있었다.

집에서는 나를 다정한 어머니로 믿고 따랐지만, 한편으로는 미국인과 한국인의 외모를 조금씩 닮은 자신의 정체성에 대해 고민했던 것이다.

요셉이 다 큰 다음에 말한 것이지만, 내 손을 잡고 걸어갈 때 사람들이 쳐다보면 손을 놓고 싶은 적도 많았다고 한다.

학교에 데려다준다고 하면 좋다고 펄쩍 뛸 나이에도 차마 거절을 못 해 억지로 엄마와 함께 갔었다는 말도 했다.

'엄마가 미국 사람이 아니라면 내가 덜 힘들었을 텐데…'라며 어린 마음에 애를 태웠던 것이다.

한 번은 방송에 출연한 요셉이 "어릴 때는 뾰족한 코가 싫어서 납작하게 만들려고 방바닥에 코를 대고 잔 적도 있다"라고 말해 사람들이 눈시울을 적시기도 했다.

그런 아이들의 마음까지는 헤아리지 못했으니 한편으로 나는 꽤나 무심한 엄마였다. 나는 단지 다른 엄마들처럼 아들을 대해주는 것에만 신경을 썼을 뿐 요셉의 깊은 고민까지는 알지 못했다. 무엇보다 요셉이 집에 오면 늘 명랑하고 말 잘 듣는 아이였기 때문에 큰 걱정을 하지 않았던 것 같다. 하지만 나는 요셉이 잠들고 난 뒤에는 항상 아들의 침대 앞에 무릎을 꿇고 '한국에서 훌륭한 인물로 성장할 수 있도록 지켜주세요'라고 주님께 기도했다.

요셉은 어릴 때 함께 살던 선교사의 자녀들이 서울의 외국인 학교에 다니자 자신도 그 학교에 가길 원했다. 하지만 남편은 "목사 자녀라면 교인들의 자녀와 함께 공립학교에 다녀야 한다"라는 생각이 확고했다. 목사의 자녀가 비싼 돈을 들여 외국인 학교에서 특권을 누린다는 건 용납할 수 없다고 했다. 그렇다고 요셉을 미국 외가에 보낸다는 것도 탐

탁치 않아 했다.

"학교에서 아이들 놀림이 심한가 봐요."

요셉이 반 친구들에게 시달리고 씩씩거리며 돌아온 날, 남편에게 그 사실을 일러주었다.

"요셉은 엄연한 한국인이에요. 그러니 한국 공립학교에서 교육받는 게 당연해요. 처음엔 좀 힘들겠지만, 나는 요셉이 잘 적응할 거라고 믿어요."

남편은 요셉이 처한 상황을 이해했지만 곧 이겨낼 수 있을 거라고 생각했다. 그러나 요셉은 투정을 그치지 않았다. 나는 남편의 확고한 뜻을 확인한 뒤로는 요셉을 잘 타일렀다.

"너는 한국 사람이야. 그러니 한국 학교에 다녀야 해. 예수님도 사람들에게 놀림을 많이 받았단다. 그리고 엄마도 한국에 와서 놀림을 당했어. 하지만 네가 하나님한테 기도하면 분명 친구들의 그런 마음도 돌려놔주실 거야."

그렇게 겨우 타일렀지만 큰일은 바로 며칠 뒤에 터졌다.

요셉의 점심 도시락으로 샌드위치를 싸주었는데, 아이들에게는 그게 또 화제가 된 모양이었다. 처음 보는 음식에 눈이 휘둥그레진 아이들은 '요셉은 혼혈아니까 그렇다'라는 식으로 이해했고 풀 죽은 아이는 점심을 그대로 굶고 말았다.

나는 요셉이 현관문을 발로 차고 들어오는 이유를 모른 채 어리둥절했다가, 도시락이 그대로 남은 걸 보고 상황을 대충 짐작할 수 있었다.

요셉은 소파에 털썩 주저앉더니 "사는 게 참 힘들어요. 난 도대체 한국 사람이에요? 미국 사람이에요?"라고 불만을 터뜨렸다. 고작 열 살밖에 안 된 아들의 입에서 그런 말이 나왔으니 내 가슴이 얼마나 아팠겠는가. 요셉은 다음날부터 등교 전에 미리 도시락을 확인하곤 햄이 한 쪽이라도 들어 있으면 아예 도시락을 들고 가지 않았다. 한국 반찬에 소질이 없던 나는 정신이 번쩍 들어 그때부터 요리책을 보고 한국 음식을 연구하기 시작했다.

남편은 요셉을 엄하게 다루면서도 자신이 가는 규모 있는 집회에 꼭 데리고 다녔다. 혼혈아인 아들에게 자신감을 갖도록 한 배려였던 것 같다. 후에 요셉은 자기 아버지가 논산 훈련소의 수많은 장병들 앞에서, 미군들 앞에서 설교하는 모습을 보면서 콤플렉스를 조금씩 극복할 수 있었다고 말했다.

남편은 빌리 그레이엄 전도대회 마지막 날에도 요셉을 여의도 광장에 데리고 갔다. 요셉은 아버지가 수많은 군중 앞에서 통역하는 모습을 보고 아버지를 자랑스럽게 생각했고, 정부에서 보내준 리무진을 타고 아버지와 고급 호텔로

가면서 몹시 즐거웠다고 했다. 아버지가 훌륭한 일을 하는 사람이라는 사실에 위안을 얻고 자신감을 회복한 것이다.

성인이 된 요셉은 아버지와 함께 해외 집회를 다니면서 한국인 교포들에게 큰 반향을 불러일으켰다. 자신이 혼혈아로 겪은 아픔이 미국에서 방황하는 교포들에게 공감이 되었던 것이다.

한 번은 요셉이 미국에서 한국인 청소년들을 대상으로 집회를 한 적이 있었는데, 연일 2,000~3,000명이나 되는 청소년들이 모여 큰 성황을 이루었다.

청소년 교포들은 미국인의 용모를 한 한국인 설교자의 말에 숨죽인 채 귀를 기울였다. 요셉이 자신의 어린 시절의 일을 꺼내자 강당이 울음바다가 되었다.

요셉은 교포 청소년들에게 이렇게 외쳤다.

첫째 아들 김요셉 목사가 시카고 지역 전도대회에서 말씀 선포

"여러분은 미국 시민권을 갖고 있지만 뿌리는 한국인입니다. 제일 중요한 건 천국 시민권입니다. 여러분은 하나님의 자녀입니다. 이스라엘 백성을 보세요. 전 세계에 퍼져 있는 유대인들은 어디서든 가장 강한 민족입니다. 여러분은 다른 민족을 섬길 수 있는 국제적인 인물로 성공할 수 있습니다. 하나님의 위대한 축복의 도구가 바로 여러분입니다."

요셉은 그 집회를 통해 일약 유명 강사의 반열에 올랐다. 24살의 나이로 미국 각 도시를 다니며 한인 청소년 연합 집회를 인도했다. 1990년까지 요셉은 수만 명의 청소년들에게 복음을 전했다. 갱단에 들어갔던 청소년들은 울면서 회개했고, 그중 목사가 된 이들도 있다. 그때 요셉은 내게 이렇게 말했다.

"어릴 때는 어머니를 부끄럽게 여기고 제가 혼혈아로 태어난 게 원망스러웠는데 오늘날 제가 이렇게 다시 쓰임 받게 될 줄은 몰랐어요. 하나님이 어머니를 한국에 보내시고, 제가 다시 미국에 와서 한국 청소년들에게 용기를 불어넣는 건 모두 하나님의 놀라운 섭리예요. 제가 쓰임 받고 있는 것에 감사해요. 어머니 고마워요."

그때 나는 요셉의 이야기를 들으며 마음속으로 뜨거운 눈물을 흘렸다.

아들은 L.A.에서 처음 집회를 열 때 만난 주일학교 교사와 결혼까지 하게 되었다.

집회가 끝나면 여러 학생이 요셉과 함께 패스트푸드점에서 햄버거를 먹곤 했는데, 그중에 며느리가 끼어 있었던 것이다.

현재 원천침례교회를 담임하고 있는 요셉은 자신의 행동과 습관은 아버지에게, 철학과 교육의 가치와 섬김의 정신은 어머니에게 배웠다고 말한다.

요셉이 강사로 초빙된 자리에서 내 좌우명인 'Bloom where you are planted'라는 말로 연설을 마무리할 때마다 나는 말로 표현할 수 없는 기쁨을 느꼈다.

"심긴 곳에 꽃피워라 즉, 현재의 삶의 자리에서 작은 일에도 최선을 다하라"라는 뜻이다.

나무는 심긴 자리가 마음에 들지 않는다고 해서 다른 데로 옮길 수가 없다. 비바람이 불고 폭풍우가 쳐도 뿌리내린 그 자리에서 묵묵히 견뎌낼 뿐이다. 이렇게 힘든 시간을 지낸 후에야 드디어 아름다운 꽃을 피우고 열매를 맺는다. 나는 그런 나무가 좋다. 그래서 내 좌우명도 '심긴 곳에 꽃피워라'로 정했다.

결혼 후 아무것도 모르는 어린 나이에 오로지 남편 하나만 믿고 한국 땅에 왔다. 그리고 얼마 후 책을 읽다가 이 글귀가 눈에 들어왔는데 그날 이후 "한국 땅에서 아름다운 꽃을 피워야겠다"라고 결심했다. 한국으로 시집왔으니 한국에서 뿌리를 내리는 게 당연하다고 생각했다.

모든 것은 마음먹기에 따라 달라진다.
지금 내가 하는 일이 가장 소중하고, 지금 내 옆에 있는 사람이 가장 소중한 사람이고, 지금 내가 하고 있는 일이 가장 중요한 일이라는 마음가짐으로 살아간다면 이보다 더 행복한 삶은 없을 것이다.

집은 엄마가 있는 곳

우리 가족은 남편에게 '초침'이라는 별명을 붙여줬다. 시계의 시침, 분침, 초침 중에서 가장 빨리 움직이는 초침처럼 빠르게 움직이는 분이라는 뜻에서 붙여준 별명이다.
이른 아침, 가족들이 눈을 뜨기 전에 이미 하루 일과를 시작하기 위해 집을 나가고 온 가족이 잠든 밤늦은 시간에 귀가하는 남편은 정말 시계의 초침처럼 부지런히 움직였다. 주님의 일을 하다 보니 하루 24시간을 쪼개고 쪼개가며 아껴 쓰는 남편이었지만 아이들은 그런 아버지를 보며 섭섭함도 느꼈을 것이다.
그런 남편의 빈자리를 채우기 위해 나는 집을 비우는 일이 거의 없었다.

삼 남매가 집에 돌아오면 항상 밝은 얼굴로 아이들을 맞이하며 간식을 챙기고 하루 동안의 이야기를 들어주었다. 그것이 내가 아이들에게 해줄 수 있는 최선이었다.

언젠가 큰 며느리가 나를 위해 접시를 만들어 주었는데 "Home is where the mom is!"라는 문구가 적혀있었다. "가정이란 엄마가 있는 그곳!"이라는 이 말처럼 나는 언제나, 어김없이 그 자리에서 아이들을 기다리며 살았다.

이런 내 삶에 대해 작은 아들 요한은 감사의 마음을 전하기도 했는데 나는 그것이 두고두고 가슴에 남았다.

"어머니, 고맙습니다. 텅 빈 집을 향해 걸어가는 무거운 발걸음이 아니라 언제나 나를 맞이해주실 어머니가 기다리고 있음을 알 수 있기에 가벼운 발걸음으로 집을 향할 수 있었습니다. 언제나 어김없이 그 자리에서 당신의 자리를 지켜주신 그 사랑에 감사를 드립니다. 고맙고 감사합니다.

(Thank you mom, for being there. Day in and day out. Rain or shine. Hot or cold. Thank you for being there for us all the time.)"

삼 남매 중에서도 둘째 아들이며 막내인 요한이는 유독 나와 닮은 구석이 많은 것 같다. 특히 운전과 관련한 에피소드는 '아무리 봐도 내 아들'이라는 생각이 절로 나게 한다.

둘째 아들 김요한 목사와 함께

내가 열세 살 때의 일이다.

그때 나는 운전이 너무도 하고 싶었다. 미국에서는 열다
섯 살이 되면 부모들이 운전을 가르쳐 약간의 교육 과정을
통해 조기 운전면허를 발급받을 수 있다.

그런데 나는 열세 살 때부터 운전을 하겠다며 아버지를
졸랐다. 내 성화를 이기지 못한 아버지가 운전을 조금 가르
쳐주었는데 어느 날 아버지 몰래 차를 운전하고 나갔다가
우리 집 담벼락을 들이받는 사고를 냈다. 설상가상 사고 차
는 길옆의 호수를 향해 미끄러졌는데 조금만 더 미끄러졌으
면 아마 나는 차와 함께 호수에 빠져버렸을 지도 모른다.

너무 놀란 나는 사고 차를 그대로 팽개치고는 집으로 들
어와 숨어있었다.

뒤늦게 그 사실을 안 아버지가 나를 찾았지만 크게 야단
을 치지는 않았다.

그런데 나의 이런 기질을 둘째 아들 요한이가 그대로 닮은 듯하다.

요한이가 중학교 2학년 때 남편 차를 타고 장거리 운전을 나선 것이다. 그 당시 요한이는 따로 운전을 배운 적이 없는데 내가 운전하는 것을 조수석에서 눈여겨보았다가 호기심에 남편 차를 몰고 나간 것이다. 다행히 큰 사고 없이 집으로 돌아온 요한이를 남편은 크게 야단치지 않았다. 그 모습을 보면서 '그 엄마에 그 아들'이라는 말이 생각났다.

내가 꾸미는 나만의 스위트 홈

나는 집안뿐만 아니라 집 밖의 화단에도 항상 꽃을 키운다.

꽃씨를 뿌리고 물과 비료를 주며 심고 가꾸는 일이 무엇보다 즐겁다. 우리 집을 찾는 사람들은 집안에서 꽃향기를 맡을 수 있어서 좋다고 했고 나는 그런 이야기들을 들으면 행복하다.

식물학자도, 꽃 전문가도 아니지만 그런 내가 보기에도 꽃은 사람에게 평온함을 갖게 해주는 것 같다. 꽃은 사람처럼 말을 하지는 못하지만 사람의 말보다 품위 있고 위력 있는 포용력을 갖고 있다. 그래서 우리는 꽃을 보면 편안함을 느끼고 마음이 따뜻해지는 걸 느낀다.

꽃에는 행복을 전파하는 향기로운 바이러스가 숨어 있기에 더 많은 사람들이 꽃의 향기를 맡으며 행복 바이러스에 심취하길 기대한다.

또한 우리 집에는 영어로 쓴 격언들이 이곳저곳에 붙어있다. 내가 가장 좋아하는 문구는 온 가족이 식사를 하면서 볼 수 있도록 부엌 한쪽에 붙여놨다.

"To laugh often, love much, to appreciate beauty, to see the best in others, and to give one's self to others is to have succeeded.

(자주 웃고 많이 사랑하라. 아름다운 것들에 감사하고, 다른 사람의 모습에서는 장점만을 보아라. 그리고 다른 사람을 위해 자신을 내어주는 사람이 진정으로 성공하는 사람이다.)"

이 말은 영국의 극자가 에머슨(Raiph Waldo Emerson)이 남긴 말 중 하나다. 아이들은 식탁에 둘러앉아 식사를 하면서 자연스럽게 이 글귀를 읽는다. 그러고는 "이 글귀가 오늘 하루를 반성하게 하는 강력한 동기가 된다"라고 말하곤 한다.

내가 이 글귀를 좋아하는 이유는 아마도 내가 그런 삶을 살기 위해 노력하기 때문일 것이다. 인간은 생각하는 대로 살 수도 있지만, 사는 대로 생각할 수도 있기에 어떤 마음

자세로 사는지가 중요하다고 생각한다.

　나는 아이들이 어렸을 때부터 식사시간마다 부엌일을 한 가지씩 돕도록 했다. 숟가락, 젓가락을 테이블에 놓거나, 물 컵을 갖다 놓거나, 식사를 마친 후에 빈 그릇을 치우는 일 등. 아이들은 네 일 내 일 따지지 않고 각자의 일을 하며 가 족 구성원으로서의 책임과 의무를 다했다.

　그래서인지 손자, 손녀들도 식사 시간이면 부엌에서 분주 히 움직인다.

　특별히 교육한 것도 아닌데 손발이 척척 맞는 걸 보면 아 마도 평소 엄마, 아빠의 모습을 보고 배운 모양이다. 가끔 성인이 된 후에도 식사 예절이 좋지 않아 눈살을 찌푸리게 하는 사람들이 있다. 그럴 때면 어려서 배우지 못한 예절은 커서도 부족하게 됨을 느낀다.

　시간이 흐른다고 해서 아이들이 저절로 자라는 것은 아 니다.

　아이들은 부모의 눈물과 사랑 그리고 기도로 큰다는 것 을 늘 마음속에 새겨야 한다. 그리고 부모는 아이들의 가장 좋은 교과서임을 잊지 말아야 한다.

진짜 트루디를 아시나요?

우리 집에는 원래 방이 한 칸 밖에 없었다. 몇 년 전에 방 한 칸을 만들었는데 그곳에 작은 침대와 텔레비전, 소파 등을 놓으니 번듯한 방이 완성됐다. 이곳은 남편이 외국 출장에서 돌아와 시차 적응이 안 돼 잠을 설치다가 혹시 나까지 힘들게 할까 봐 배려하는 마음에서 사용하기도 하고 아이들이 방문했을 때 이용하기도 한다.

그런데 이 방 말고도 우리 집에는 아주 작은방이 하나 더 있다. 바로 침실 옆에 달려있는 기도실이다. 한 사람이 겨우 들어갈 정도의 작은방이다.

이 공간에서 우리 부부는 매일 기도를 한다.

어떨 때는 시간 가는 줄 모르고 한참을 기도할 때도 있고 어떤 때는 아주 짧은 시간 기도를 하기도 한다.

기도하며…

기도가 필요하다는 것은 우리 삶이 스스로의 힘만으로는 살 수 없다는 것을 인정하는 것이다.

나는 기도 없이는 살 수 없음을 매일매일 느끼며 살고 있다. 하나님 없이는 살 수 없음을 한순간도 잊지 않고 살고 있다.

　나는 책 읽는 걸 좋아한다.
　어머니는 불어와 스페인어를 가르치는 교사였다. 그래서인지 어려서부터 어머니 옆에서 책 읽는 것을 즐기며 자랐다.
　나는 책 종류에 상관하지 않고 이런저런 책들을 다 좋아한다. 그중에서도 가장 좋아하는 책은 성경이다. 하루의 시작을 성경과 함께할 뿐 아니라 하루에도 서너 번씩 성경을 읽는다. 성경 안에는 삶의 에너지가 있고 인간관계의 해법뿐 아니라 어떻게 살아야 하는지에 대한 해답도 담겨있다. 그래서 나의 성경 읽기는 쉼이 없다.
　사람들은 내게 유머 감각이 뛰어나다고 이야기한다. 내 안에 숨 쉬고 있는 톡톡 튀는 센스는 아마도 하나님이 주신 선물일 거라고들 이야기한다.
　한 번은 요한이와 함께 한 교회에 강연을 갔다.
　목사님께서 강사인 나와 요한이를 소개하는데 내 나이를 열 살이나 많게 소개했다.
　당시 나는 74세였는데 목사님은 나를 84세 호호 할머니로 소개했다. 사실 성도들에게는 내 나이가 74세이든 84세이든 중요치 않다. 하지만 나도 여잔데 나이를 열 살이나 많게 소개했으니 기분이 좋을 리가 없었다.
　나는 옆자리에 앉은 요한에게 "He's laughing and

falling"이라고 이야기했다. 그러자 요한이 무슨 말인지 모르겠다고 했다.

나는 다시 한번 "He's laughing and falling"이라고 이야기했다. 요한은 여전히 무슨 뜻인지 모른다는 표정이었다. 나는 그제서야 한국말로 "목사님이 웃기고 자빠졌다고~"라고 이야기했다.

불행히도(?) 요한은 내 이야기가 끝나자마자 강연을 시작해야 했다.

그런데 흘러나오는 웃음을 참지 못하고는 성도들에게 조금 전의 상황을 다 털어놔 버렸다. 덕분에 그날 강연은 웃음바다 속에서 치러졌다.

또 한 번은 택시 기사님들을 위한 강연 자리에서 "기사님들 제발 천천히 좀 다녀주세요. 총알택시 너무 무서워서 못 타겠어요"라고 하자 긴장됐던 분위기가 삽시간에 녹아버린 적도 있다.

나는 사람들이 웃는 모습이 너무 좋다.

그리고 나의 작은 유머 한마디가 사람들의 입가에 미소를 머금게 하고 하루의 피로를 잊을 만큼 활짝 웃게 하는 게 세상 무엇보다 좋다. 그래서 아직도 유머 감각만큼은 누구에게도 뒤지지 않고 내 안에 잘 간직하고 있다.

제6장 교육자 트루디

Trudy

기독교 교육의 원칙

수원 인계동에 살 당시 다른 교회에서 유치원을 운영한다는 소식을 들은 교인들이 "우리 교회도 유치원을 세워달라"라고 간청했다.

나 역시 아이들이 어릴 때부터 영어를 배우고, 하나님의 말씀을 배우는 일이 중요하다는 인식을 갖고 있었기에 유치원 설립 과정은 일사천리로 진행되었다. 뜻있는 교인들의 헌금으로 돈이 모이고, 1년 남짓 건물을 지어 마침내 유치원을 개원하게 되었다.

그런데 가장 중요한 교사 채용과 커리큘럼을 놓고 고민이 생겼다.

수원중앙기독초등학교에서 영어 수업중

　유치원 교사를 뽑을 때 내가 정한 원칙은 딱 하나 '이 사람은 하나님께 교사 소명을 받은 사람인가?'라는 것이었다.

　나는 가급적이면 대학 선교 단체 출신을 우선 선발하려고 했다.

　면접을 볼 때는 주로 신앙적인 면을 중심으로 보았다. 경험의 유무는 크게 염두에 두지 않았다. 경력보다 중요한 것은 아이들을 사랑하는 마음이라고 생각했기 때문이다.

　다행스럽게도 유치원 운영이 성공을 거두면서 매교동에서 원천동으로 부지를 구입해 유치원 규모를 넓힐 수 있었다. 2년 동안 공사를 했는데 수원중앙기독 초등학교와 원천 침례교회가 유치원과 함께 건물을 사용하게 되었다. 초등학교의 경우 처음에는 3학년제로 운영되다가 개교 이듬해 4년으로 늘렸고, 몇 차례 변화를 겪으면서 6학년 체제를 갖추게 되었다. 매교동 건물보다 부지도 넓고 규모도 크기 때문에 건축 과정에서 이런저런 우여곡절이 많았다. 하지만 교인들의 헌금과 하나님의 은혜로 유치원과 학교는 매년 조금씩 성장했다.

유치원보다 개교가 늦었던 초등학교는 준비 과정에서 많은 고민을 할 수밖에 없었다. 가장 신경이 쓰였던 부분은 "기독교 학교라는 걸 무엇으로 증명할 것인가"였다.

나는 요셉과 이 질문을 붙들고 오랫동안 하나님께 기도했다.

우리는 우선 채플과 성경 시간을 없애자는 점에 합의했다. 하나님을 단순히 채플과 성경 시간에 가둬둘 순 없기에, 어렵지만 삶과 신앙을 통합하는 길로 들어서기로 했던 것이다.

요셉과 내가 처음에 세웠던 원칙은 다음과 같다.

첫째, 수업의 시작과 끝은 반드시 기도할 것.

둘째, 날마다 큐티로 하루를 시작할 것.

셋째, 아이들을 예수님의 마음으로 사랑할 것.

수원중앙기독초등학교에서 수업중

수원중앙유치원에서 아이들과 함께

우리 학교는 '기도로 출발한 교육기관'이다.

물론 이렇게 되기까지의 과정이 순탄했던 것은 아니다. 우리 학교를 고급 사립 초등학교 정도로 알고 등록한 학부 모들은 학교의 기독교 교육에 강하게 반발했다.

"아니, 학교에서 어떻게 단군 신화가 거짓말이라면서 교과 서를 찢으라고 가르칠 수 있는 겁니까? 예수 믿는 아이들은 기초 상식이 없어도 괜찮다는 얘긴가요?"

"저도 교회를 다니지만 창조 순서를 외우는 걸 숙제로 내 주는 학교를 이해할 수 없네요. 맨날 기도만 하면 수업은 대 체 언제 하실 생각이죠?"

어떤 일은 사과로 매듭을 지어서 겨우 모면했지만 보다 근본적인 문제는 따로 있었다.

하루 종일 찬양만 한다는 반이 있는가 하면, 또 다른 반 은 하루 종일 기도만 하기도 했다. 한 번은 한 교사가 아이 들을 교실에 내버려 둔 채 학교 기도실에서 1시간 30분을 기도하는 어처구니없는 일이 벌어지기도 했다.

요셉은 이 일로 단단히 화가 났다.

아무리 선교 단체에서 신앙 훈련을 강하게 받았다고 하지 만 수업 시간을 지키지 못하는 건 교사의 자격요건에 문제 가 있다고 밖에 볼 수 없었다.

요셉과 나는 그 일로 인해 개교 당시부터 고민해온 문제에 다시 한번 맞닥뜨릴 수밖에 없었다. 바로 '현재 있는 교재로 기독교 교육을 어떻게 효과적으로 해낼 것인가'라는 문제였다. 교재에 억지로 말씀을 끼워 넣는 건 어울리지 않을뿐더러 효과적이지도 않다고 판단한 나는 요셉에게 다음과 같이 제안했다.

"차라리 교재를 만들지 말자. 교재가 좋다고 해서 기독교 교육을 할 수 있는 건 아니야. 그렇다고 우리가 이제 와서 수많은 돈을 들여서 기독교 교재를 만드는 건 바람직하지 않아. 기독교 과학을 가르치는 것보다 중요한 건 교사의 마음을 통해 아이들이 참된 교육을 받는 일이야."

"어머니, 저도 같은 생각이에요."

요셉과 나는 난관을 극복하기 위해 교사들과 수차례 세미나를 열었다. 거듭된 고민을 통해 우리는 "단순한 정보가 아닌 하나님의 말씀과 체험을 중시하는 커리큘럼을 구성한다"라는 원칙을 세웠다.

장애 아이들도 하나님의 자녀

1959년 남편과 한국으로 왔을 당시 50만 원을 주고 1200평가량 되는 시골 땅을 구입했다. 그곳은 농사를 지을 수도 없는 말 그대로 버려진 땅이었다. 그런데 30

수원중앙기독유치원에서 원생에게 상을 수여

년이 흐른 뒤 땅의 가치가 높아졌다. 평소 교육, 그것도 장애인 교육에 관심이 많았던 나는 그 땅을 팔아 학교 부지를 사고 싶었다.

남편은 내 의견에 동의해 주었고 땅을 팔아 마련한 돈 40억 원으로 장애인과 비장애인을 함께 교육할 수 있는 학교를 세우기 위해 여러 가지 계획을 세웠다. 그런데 장애인을 교육할 학교를 짓는다는 소문이 돌자 동네 사람들이 학교 설립을 반대했다. "땅값이 떨어진다"라는 이유였다.

장애인이나 사회적 약자를 먼저 생각하는 미국식 환경에서 자란 나는 당황스러웠다. 그리고 장애인이라는 이유로 차별받는 현실에 한참 동안 마음이 아팠다.

우여곡절 끝에 우리는 학교를 세웠다.

이렇게 지어진 수원중앙기독초등학교와 중앙기독유치원에서는 현재 장애 아이들과 비장애 아이들을 통합 교육한다. 우리나라는 여러 가지 이유로 일반 학생과 장애 학생을 분리시키지만, 나는 기독교의 교육은 모든 아이들에게 공평한 교육의 장을 제공해야 한다고 믿고 있다.

나는 오래전 한 초등학교 교사를 통해 이러한 사실을 배웠다.

당시 수원에 있는 한 초등학교에서 국어를 가르쳤던 그 교사는 학교가 끝나면 자전거를 타고 장애 아이들이 있는 가정을 방문해 1시간 남짓 개인수업을 했다.

어느 날 그 교사가 나를 찾아와 "장애 아이들을 위한 반을 만들면 어떨까요?"라고 제안했다.

"중앙기독 유치원이 지역 학부모들에게 잘 가르친다는 소문이 꽤 났더군요. 하지만 제가 가르치는 장애 아이들은 특별한 교육의 혜택을 받지 못하고 있습니다. 원장님이시라면 장애 아이들을 위한 교육을 해주실 수 있을 거라고 믿습니다."

그때는 유치원을 개원한 지 12년 정도 지났을 무렵이었다. 나는 뒤늦게 한 교사의 입을 통해서 그런 깨달음을 얻게 된 것이 몹시 부끄러웠다. 중앙기독 유치원이 지역에서 좋은 소문은 많이 났지만, 정작 소외된 아이들을 품고자 하는 일에 소홀했던 건 아닌지 돌아보게 되었다.

"물론입니다. 선생님께서 도와주시면 지금 당장이라도 반을 만들고 싶습니다."

우리는 이듬해 특수교사를 채용하고 장애 아동 9명을 입학시켰다.

처음엔 일반 학생들과 따로 반을 구성해 운영했지만, 비장애 아이들과 장애 아이들이 한데 어울리면서 서로 배울 점이 많을 것 같아 각 반에 장애 아이를 한 명씩 배치했다. 장애 아이와 비장애인 아이가 서로 한 반에 있다는 사실을 알고 놀라는 이들도 있지만, 이는 생각보다 많은 유익을 가져다주었다.

아이들은 일상생활의 모든 부분을 함께 공유하며 서로에게 적응하는 법을 배웠다. 장애가 없는 아이는 몸이 불편한 아이를 도우면서, 장애가 있는 아이는 옆 사람과 더불어 생활하는 법을 배우면서 성숙한 인격체로 성장해갔다. 특수 교육을 전공한 교사가 아이들끼리 문제가 생기면 함께 불러 갈등을 해결해 주기도 했다.

신기한 것은 당시 비장애 아동 학부모들 중에 이를 불편해하는 사람이 아무도 없었다는 것이다. 주변에서 "장애 아동을 받으면 비장애 아동 학부모들의 반대가 심하지 않나요?"라고 묻곤 하지만 유치원을 옮기기는커녕, 항의 한 번하는 학부모가 없을 정도로 모든 것이 순탄하게 돌아갔다.

물론 장애 아이와 일반 아이를 통합 교육하는 건 쉬운 일이 아니다.

시설 면에서도 그렇고 인력 활용 면에서도 비용과 노력이 두 배로 든다. 하지만 애초 경제적인 합리성을 따질 것 같으면 유치원도 학교도 시작하지 못했을 것이다.

나와 요셉은 "우리 많은 사람이 그리스도 안에서 한 몸이 되어 서로 지체가 되었느니라"(로마서 12:5)라는 말씀을 붙들고, 하나님이 계획하신 생명을 모두 돌보겠다고 결심한 상태였다.

장애 학생을 뽑을 때는 다른 입학 조건만 살펴볼 뿐, 장애 정도는 특별히 개의치 않는다. 입학 시기가 되면 담임선생님은 올해 입학하는 장애 학생들이 무엇을 좋아하고 무엇을 싫어하는지 부모님에게 꼼꼼하게 챙겨 듣고 아이에게 맞는 맞춤형 교육과정을 짠다.

처음 통합 수업을 할 때 교사들이 반 아이들과 꼭 함께하는 놀이가 있다.

바로 난파선 놀이다. 배가 가라앉는다는 설정 아래 어떻게 하면 가장 많은 생명을 구할 수 있는지 여럿이 함께 참

여하는 놀이다. 각 팀에는 시각 장애인과 신체 장애인이 한 명씩 있다고 가정한다. 배의 안과 밖을 구분하기 위해서 고무줄을 높이 든다. 배 밖으로 나가는 사람은 이 고무줄을 건드리면 안 된다.

"일단 몸이 불편한 애부터 내보내야지."

"아냐, 눈이 안 보이는 애가 혼자 남으면 안 되잖아."

놀이를 시작하면 아이들은 마냥 분주해진다.

마치 정말로 난파선에 갇힌 아이들처럼, 누구를 먼저 구하고 어떻게 해야 많은 생명을 구할지 머리를 맞대고 고민하는 것이다. 게임의 정답이 궁금했다.

제일 먼저 건장한 아이가 혼자 힘으로 배 밖으로 나간다. 그리고 배 안에 있던 아이들이 힘을 합해 시각장애인과 신체장애인을 구출해낸다. 대개는 한두 명이 구출되는 과정에서 시간이 종료된다. 이를 지켜보는 교사들은 숨을 죽이면서 아이들의 구출작전을 마음속으로 응원한다.

어른인 교사들의 도움 없이도 아이들은 제일 먼저 누구를 구해야 하는지 잘 알고 있다. 중요한 건 "어려운 일이 생겼을 때 약한 사람을 먼저 도와야 한다"라는 희생정신이다.

통합교육의 중요성

수원중앙기독 초등학교에 다니던 장애 아동 중에 특별히 잊을 수 없는 아이가 있었다.

여느 자폐성 장애 학생들과 달리 너무도 얌전해서 늘 눈길이 가는 아이였다. 그 아이는 학습 능력이 좀 떨어지는 점만 빼면 나무랄 데가 없었다.

하루는 몇몇 학부모들이 아이들의 수업 모습을 참관할 일이 있었다. 아이들은 저마다 엄마를 발견하고는 손을 흔들면서 반가워했다. 하지만 그 아이는 어쩐 일인지 제 엄마를 발견하고도 담임선생님 얼굴만 뚫어져라 보고 있었다.

그 모습을 보고 나 역시 적잖이 충격을 받았다.

자폐아 중에는 간혹 놀라운 집중력을 보이는 아이들이 있긴 하지만, 그 아이는 그런 쪽과는 거리가 멀었다. 담임교사는 그 아이의 행동을 변호해 주려고 그 아이어머니에게 "우리 반에서 집중력이 제일 좋은 학생"이라고 자랑했다. 하지만 그 아이어머니는 "아마, 약을 먹어서 그럴 것"이라며 울먹였다.

"사실 우리 아들은 조울증이 있어요. 기분이 좋으면 개구리처럼 뛰다가도 슬프거나 화가 나면 손에 잡히는 물건은 무엇이든 닥치는 대로 아무 데나 집어던지는 고약한 버릇

이죠. 하지만 학교를 가려면 약물 치료를 받아야 하잖아요. 그 덕분에 집안도 조용해지고 다행이다 싶었는데 저런 모습일 줄은…"

그 후 며칠 뒤, 그 아이어머니는 그 아이가 약을 끊을 예정이라는 사실을 전했다. 그러면서 그 아이가 약물의 힘이 아닌, 주님의 능력을 통해 학교생활을 잘 할 수 있게 해달라는 기도를 부탁하셨다. 학교에서는 그 아이어머니의 결정에 박수를 보내며, 그 아이가 학교생활에 적응하는 데 교사들이 모두 힘을 보태기로 했다.

약을 끊은 그 아이는 평소와 180도 다른 모습을 보이기 시작했다.

수업 시간에 책상을 두드리고, 갑자기 소리를 지르며 교실 안을 뛰어다녔다. 벽에 온통 사인펜 칠을 하거나, 바닥에 침을 뱉고 문지르기를 반복했다. 그 아이는 10분도 가만히 앉아 있지를 못했다. 그러면서 반에서는 수업을 진행하기 어려운 상황이 되었다. 그런 모습을 누가 나무라기라도 하면 곧바로 바지에 오줌을 싸니 더욱 큰일이었다.

나는 그 아이를 위해 하나님께 무릎을 꿇고 기도했다.
"주님,
그 아이가 그동안 약물에 눌려 있었어요.
그 어머니는 얼마나 가슴이 아플까요?

주님께서 '채찍에 맞으므로 우리가
나음을 받았도다'(이사야 53:5)고 하셨으니
그 아이가 하루속히 나을 수 있도록 도와주세요."

요셉과 나는 주위의 모든 사람들에게 도움을 요청했다. 다름 아닌 중보기도 요청이다. 그 아이 동생도, 누나도, 아버지도 우리의 부탁을 받고 새벽 기도를 시작했다. 반 친구들에게도 상황을 설명해 주고 도움을 구했다.
"너희도 주사 맞으면 아파서 소리 지르고 울지?
그 친구도 지금 하나님께 치료받고 있는 중이야.
아파서 그러는 거니까 너희가 이해해 주렴.
하나님은 너희들을 통해 그 친구를
변화시켜 주실 거야."
다행히 아이들도 그 아이가 처한 상황을 속 깊게 이해해 주었다. 그때부터 나와 선생님들, 그리고 아이들이 모두 힘을 합쳐 공동작전을 세웠다. 그 아이가 선생님 말을 듣지 않으면 친구들이 모두 함께 말해주기로 한 것이다.
"애야, 자리에 앉아!"
"애야, 그러면 안 돼!"
무턱대고 비난하거나 나무라는 것이 아닌, 마치 소년소녀 합창단의 화음처럼 아이들의 목소리는 맑고 고왔다. 그 아이는 신기하게도 혼자서 바닥을 뒹굴다가도 아이들의 합창 소리에 곧장 태도를 바꾸었다.

나는 그 아이를 한동안 지켜본 결과 그 아이 행동에 특별한 점이 있다는 것을 알게 되었다. 그 아이가 뭔가를 집어던지면 꼭 주위를 둘러본다는 것이다. 마치 사람들이 자기를 보는지 안 보는지 주시하고 있는 것처럼. 나는 속으로 '이 녀석이 주변의 관심 때문에 그럴 수도 있겠다'라고 생각했다. 그 이후 담임교사와 나는 전략을 급하게 수정했다.

"얘들아, 앞으로는 그 친구가 어떤 행동을 하든지 절대로 관심을 보여선 안 돼. 투명 인간 알지? 그 친구는 이제 말썽 피울 때마다 투명 인간이 되는 거야. 너희들이 친구가 투명 인간이 될 수 있도록 도와주면, 친구가 말썽을 피우지 않을 거야."

담임교사는 아이들에게 단단히 당부한 뒤, 그 아이가 난리를 피울 때마다 본체만체하도록 했다. 또 그 아이가 불평하는 모든 사항에서 그 아이에게 스스로 선택권을 주었다.

"밥 먹으러 갈래?"

"싫어요."

"그럼 교실에서 공부하다가 갈까?"

"그건 좋아요."

이런 방법이 효과가 있었는지, 그 이후로 그 아이가 교실에 오줌을 싸는 횟수가 눈에 띄게 줄어들었다. 그 아이어머니는 학교를 찾을 때마다 미안해하면서 고개를 들지 못했지만, 교사들은 밝게 웃으며 어머니를 위로했다.

"어머니, 아드님이 요즘엔 오줌을 하루에 두 번만 싸요. 점점 좋아지고 있어요."

그 아이어머니는 끝내 참았던 눈물을 터뜨리면서 이렇게 말씀하셨다.

"아들이 일주일 내내 오줌 안 싸면 제가 떡 잔치할 거예요."

그로부터 일주일 뒤, 하나님의 은혜로 기적 같은 일이 벌어졌다.

그 아이가 수업 중 벌떡 일어나 어눌한 목소리로 이렇게 외쳤다.

"나, 화장실!"

선생님과 친구들은 그 아이의 그 말을 듣고 너무 좋아서 하마터면 소리를 지를 뻔했다. 바닥에 제멋대로 오줌을 싸던 그 아이가 처음으로 화장실에 가고 싶다고 말한 것이다. 비록 하루에 열두 번을 넘게 화장실을 갈지언정, 그날 이후 교실 바닥에서 실수하는 일은 일어나지 않았다.

그 아이어머니는 너무나 고맙다면서 반 아이들에게 떡 잔치를 베풀어주셨다. 나는 하나님께 감사하면서 그 아이로 인해 부쩍 성숙해진 아이들이 무척이나 대견했다.

'주님, 감사합니다.

우리는 그 아이를 무조건 바꾸기보다, 그 아이의

있는 그대로의 모습을 받아들이면서
존중하고 사랑하는 법을 배웠어요.
그 아이가 앞으로 더욱 성장해서
세상의 편견과 부당함을 이기고 주님의
사랑스러운 자녀로 성장하도록 지켜주세요.'

제7장 파이샵 트루디

Trudy

교인들을 위한 쉼터를 만들다

유치원, 학교와 함께 내가 자주 가서 돌보는 곳이 또 한 군데 있다.

바로 아이들에게 빵과 쿠키를 제공하는 '파이샵'이다.

어렸을 적의 나는 이야기하는 걸 무척 좋아했다. 조금은 수다스러운 아이였을 지도 모른다. 결혼 후 아이들이 어렸을 때는 이야기도 많이 해주고 책도 많이 읽어주었다. 그런데 어느 순간부터 이야기를 하기보다는 사람들의 이야기를 듣는 걸 좋아하게 됐다.

나는 묵묵히 누군가의 이야기를 듣고 상담이 필요한 경우에는 내 의견을 말한다. 이런 일이 자주 있다 보니 자연스럽게 말하는 것보다 듣는 것에 익숙해지게 되었다.

파이샵 주방에서

사람은 이야기를 듣기보다 하는 걸 좋아한다.

누군가에게 내 안에 담긴 것들은 풀어내길 좋아한다는 뜻이다. 하지만 누군가 들어줘야 한다. 내가 이야기를 잘 들어주다 보니 하나 둘, 사람들이 모였다. 이렇게 모여드는 사람들의 이야기를 들어주기 위한 공간이 필요했다. 그래서 나는 커피숍을 오픈하기로 마음먹었고 남편에게 이야기를 꺼냈다.

"교인들을 위한 쉼터가 있었으면 좋겠어요. 그래서 파이샵을 열었으면 좋겠는데…"

남편은 옆 눈으로 나를 보았다.

"갑자기 무슨 파이샵?"

"애들도 먹고, 교인들한테 물어보니 다들 좋아하는 것 같아요.

수익금으로 유치원 운영에도 보태면 되지 않겠어요?”
“당신, 빵도 만들 줄 알아?”
“아뇨.”
“사람 쓰려고?”
“아뇨.”
“그럼?”
“직접 만들어야죠. 배워서.”

남편은 갑자기 제빵 기술을 배우겠다는 내가 의아한지 거듭 내 얼굴을 물끄러미 쳐다보았다. 나는 한 번 해야겠다고 마음먹은 건 곧바로 실천에 옮겨야 하는 사람이라, 남편의 침묵을 긍정적인 답변으로 해석하고 곧바로 일에 착수했다.

다행히 시집온 뒤로 틈틈이 제빵 기술을 배워놓은 터라 '왕초보'는 아니었다.

예전에 해봤던 메뉴들을 하나둘씩 다시 만들어보면서, 부족한 부분은 책을 보면서 혼자서 습득했다. 와플과 쿠키는 거의 3개월 가까이 매달렸더니 남 앞에 내놓을 만한 수준은 되는 것 같아 요셉에게 시식을 부탁했다.

첫째 아들 김요셉 목사와 함께

"맛있는데요."

요셉이 각양각색의 쿠키를 보더니 놀랍다는 듯이 말했다.

"언제 이런 걸 다 배우셨어요?"

"파이샵에서 팔면 괜찮겠니?"

"그럼요, 훌륭해요. 아이들도 무척 좋아하겠어요."

입맛 까다로운 큰며느리도 샌드위치며 와플이 일반 빵집에서 파는 것 못지않게 맛있다고 칭찬 일색이었다.

신이 난 나는 남편에게 완성된 메뉴를 들이밀었다.

"이것 봐요. 내가 직접 만든 거예요."

바깥채비를 하던 남편은 힐끗 보고 말뿐 별다른 대답을 하지 않았다.

칭찬을 기대했던 나는 속으로 은근히 부아가 나서 이렇게 중얼거렸다.

'나중에 맛있다고 만들어달라고 하기만 해봐라.'

교회 건물 한 쪽에 작은 공간을 마련해 문을 연 파이샵은 교인들에게 무척 반응이 좋았다.

내가 파이샵을 운영하는 이유 중 하나는 사람들의 말을 더 잘 듣기 위해서다. '듣는다'는 것에는 눈과 귀와 마음을 하나로 기울여 최선을 다한다는 의미가 숨어 있다. 요즘은 자기 PR 시대라며 너도 나도 앞다퉈 내 말을 들어보라고 요란을 떨지만, 나는 상대방의 말을 잘 듣는 것이 현명한 말

파이샵에서 파이를 만들며

을 열 마디 하는 것 못지않게 중요한 것이라고 생각한다.

사정이 이렇다 보니 파이샵은 이따금 학부모나 성도들의 상담의 장소가 되기도 한다. 다소 근심 어린 표정으로 가게를 들어서는 모습을 보면 '아, 저 사람은 오늘 무슨 일이 있구나'라고 금방 알게 된다. 반면, 싱글벙글 미소를 머금고 들어오는 사람을 볼 때는 '무슨 희소식이라도 전해줄 것 같다'라는 직감이 온다.

한 번은 유치원 학부모 한 분이 파이샵에 와서 내게 이런 고민을 털어놓았다.
"요즘 저는 남편과도 잘 대화하지 않고 괜히 아이에게도 짜증을 내곤 해요. 꼭 우울증이라도 걸린 것 같아요. 어떻게 하면 좋을까요?"

문제는 아이 엄마의 지나치게 예민한 성격이었다.

"어머님이 누군가를 먼저 판단하거나, 판단 받기 전에 우선 최선을 다해 기뻐하고, 작은 일에도 감사해 보세요. 그러면 타인을 향한 마음도 자연스럽게 열릴 수 있을 거예요."

다행히 그 어머니는 그날 이후 파이샵에 근심 어린 표정으로 나타나지 않았다. 처음엔 그 자신의 사회적 지위나 배경을 너무 의식하고 잔뜩 움츠러들었지만, '항상 기뻐하라'라는 성경 말씀에 순종하니 편견과 오해가 단 번에 풀리더란다. 그의 확연히 달라진 모습에 나 역시 마음속으로 기뻐하면서 주님께 감사의 기도를 드렸다.

"제가 파이샵을 통해 연약한 심령을 가진 이들과 함께 마음을 나눌 수 있도록 도와주셔서 감사합니다. 앞으로도 남의 말을 귀담아 들어주는 태도와, 그 이야기를 마음으로 받아들일 만한 여유가 제 안에 넘치도록 도와주세요."

사람들의 이야기를 들어주기 위해 만든 이곳에서 나는 내가 잘 하는 일 중 하나인 쿠기와 파이를 굽고 맛있는 머핀을 만들었다.

처음에는 파이샵에서 사람들과 이야기를 나누느라 앉아 있는 시간이 많았는데 차츰 사람들의 이야기를 들을 새 없이 하루 종일 서서 쿠키를 굽고 파이를 구웠다.

내가 구운 파이와 쿠키, 머핀은 늘 인기가 좋다.

사람들은 내게 무슨 특별한 비결이 있을 거라고 생각하지만 그렇지 않다.

맛있는 쿠키와 파이를 만들기 위해서는 정성과 기다림, 그것이면 충분하다.

그런데 사람들은 정성과 기다림은 뒤로하고 뭔가 특별한 비결을 기대한다.

파이와 쿠키를 굽는 것도 인간의 삶과 별반 다르지 않다.

정성을 쏟고 기다림을 들이면 좋은 결실을 맺을 확률이 높아진다는 건 맛있는 쿠키와 파이를 만들어 본 사람이라면 누구나 알게 된다. 사람을 만드는 일도 마찬가지다. 상대의 이야기를 잘 들어주며 정성과 기다림의 수고를 들인다면 옳고 곧은 사람을 완성할 수 있다고 생각한다.

처음 파이샵을 연다고 했을 때 시큰둥하던 남편이 어느 날 불쑥 손 편지 한 통을 전해주었다. 남편이 꽃을 사 오는 건 가끔 있는 일이지만, 편지는 실로 오랜만이었다. 어떤 내용이 적혀 있을까? 나는 궁금해하면서 편지를 꺼내 읽었다.

"당신이 처음 카페를 연다고 했을 때 '다른 일을 했으면…' 하는 생각이 들었소. 하지만 그동안 서로를 존중해왔듯, 이번 일도 당신이 알아서 잘 할 거라고만 여기고 관심을 두지 않았소. 그런데 파이샵이 학부모들 사이에서 대화의 장이 되고, 단순히 카페 이상의 역할을 한다는 사실을 알게 되면서 한때나마 그런 생각을 했던 나 자신이 반성이 되더라고. 지금은 당신이 자랑스러워. 하나님께서 매일매일의 삶 속에서 당신을 통해 역사하시는 모습을 볼 때마다 한없이 감사한 마음이 들어."

사모님에게 배웠어요

파이샵은 늘 분주하고 손님들의 목소리로 시끌시끌하다.

커피와 쿠키를 주문하는 소리, 친구들이 만나 떠들썩하게 대화를 하는 소리 등등. 방학을 제외하고는 파이샵이 늘 열려 있기 때문에 이곳은 교인들과 학생, 학부모들의 공동 쉼터인 셈이다.

하루는 어떤 분이 가게를 찾아와 내 손을 잡고는 "사모님에게 교훈 한 가지를 배워 갑니다"라고 말해 의아했던 적이 있다.

나는 늘 하던 대로 반복된 일을 할 뿐인데 교훈이라니?

그분은 내가 파이를 만들기 위해 계란을 깨트려 그릇에

떨어뜨리는 모습을 통해 소중한 교훈을 배웠다고 했다. 얘기를 들어보니, 계란 껍질에 남아 있는 흰자위를 손가락으로 긁어모아서 마지막 한 방울까지 그릇에 모으는 모습이 인상 깊었단다.

"저는 빵 가게에서 일하는 사람인데 사모님이 파이샵을 어떻게 운영하는지 궁금해서 찾아왔습니다. 그런데 가까이에서 일하는 모습을 보니, 파이에 정성을 들여 만들고 있다는 게 생생하게 느껴지더군요. 재료를 낭비하면서 안 먹는 것들은 그냥 버리는 저와 달리 사모님의 절약하는 모습은 제게 큰 교훈이 되었어요."

사실 나의 근검절약 정신은 시어머니에게서 배운 바가 크다. 티끌 모아 태산이란 말처럼, 작은 것부터 절약하는 습관은 나뿐만 아니라 함께 일하는 모든 직원이 공유하고 있다. 그뿐만 아니라 파이샵에서 일하는 분들은 모두 청결을 제1의 원칙으로 삼고 있다. 매일 쓸고 닦고 정리하는 일들이 끊임없이 반복된다. 나는 기본 중의 기본이라고 생각하는 것을 교훈으로 삼는 분이 있으니 낯 뜨거운 일이 아닐 수 없다. 작은 것부터 절약하는 습관은 후손에게 물려줄 수 있는 소중한 자산이 될 것이다.

나는 여전히 '사람은 손으로 일한 것에서부터 정직한 가르침을 얻는다'라고 생각한다. 물론 책상 위에서 이런저런 중요한 일들을 결정하는 것도 중요하겠지만, 파이샵의 주방에서 막힌 배수구를 뚫을 때에도 하나님의 영광을 드러낼 수 있는 것이다.

때문에 내가 '어떤 사람을 신뢰할 수 있는지'에 대한 지표로 삼는 것 중 하나는 바로 '거칠고 일한 흔적이 많은 손을 가졌느냐'라는 것이다. 높은 자리에 있는 사람이라도 그 손에 노동의 흔적이 남아 있다면 그는 여전히 초심을 갖고 있다고 볼 수 있다. 반면, 마땅히 더러워야 할 사람의 손이 말끔하다면, 그를 대신해 누군가 노동을 하고 있다는 얘기가 될 것이다.

그래서일까?

나는 꿈에서라도 주님이 '너는 파이샵을 운영한다면서 손이 왜 그렇게 말끔한 거냐'라고 물을까 봐 노심초사한다. 예수님께서도 공생애를 시작하시기 전까지 목수로 일하셨고, 사도바울도 전도를 하면서 텐트 만드는 일을 거르지 않았다. 노동은 단순히 생계를 잇기 위한 방편에 그치지 않고 사람을 겸허하게 만드는 힘이 있는 게 아닐까?

내 곁에서 오랜 기간 함께 일한 교사 중 한 사람이 내 손에 대해 이렇게 말한 적이 있다.

"원장님의 손을 발견하기 전까지는 노동하는 손이 그렇게 아름다운 줄 몰랐습니다. 오히려 그런 손을 보면 '고생 많이 한 손, 불쌍한 손'이라는 생각이 지배적이어서 그 손의 주인공들을 안쓰럽고 불쌍하게 보곤 했어요.

하지만 지금은 아닙니다. 원장님이야말로 하나님이 우리에게 원하시는 삶을 사는 분이라고 생각합니다. 제 기도 제목 중에는 원장님 삶의 모습을 본받는 게 있습니다. 그래서 내가 원장님 나이쯤 되면 나의 손가락 마디 마디에도 노동의 미학이 나타나길 소망합니다."

나는 지금도 길가에 마구 버려진 쓰레기를 보면 줍지 않고는 못 견딘다.

길을 걷다가도 모퉁이에 잡초가 보이면 그 풀을 당장 뽑아내야 마음이 편하다. 약속 시간이 얼마 남지 않아 설령 뛰는 한이 있어도 꼭 해야 하는 일들이다. 나는 그 거친 손으로 기도를 하고, 아이들의 머리를 쓰다듬는다. 하루도 쉬지 않고 바쁜 내 손이 나는 너무나도 고맙기만 하다.

사진 제공 – 두란노

돌이켜보면

갈라디아서 2장 20절

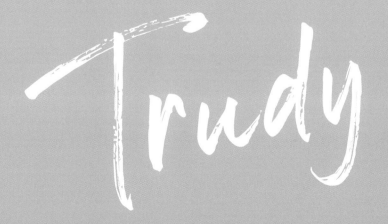

누구나 평생 동안 마음속에 담고 있는 한 마디는 있다고 생각한다.

어떤 사람은 노래 유행가가 될 수 있을 거고, 또 어떤 사람은 죽은 부모의 유언 한 마디가 될 수도 있을 것이다. 신앙인에게는 자신이 평소에 가장 좋아하는 성경 구절이나 신앙고백이 있다. 내 인생을 한 구절로 요약한다면, 나는 주저 없이 갈라디아서 2장 20절 말씀을 꼽을 것이다.

"내가 그리스도와 함께 십자가에 못 박혔나니
그런즉 이제는 내가 사는 것이 아니요
오직 내 안에 그리스도께서 사시는 것이라.
이제 내가 육체 가운데 사는 것은
나를 사랑하사 나를 위하여 자기 몸을 버리신
하나님의 아들을 믿는 믿음 안에서

사는 것이라."

이 말씀은 내가 가장 좋아하는 성경 말씀이자 평생을 함께해 온 구절이다.
이 말씀은 예수님의 십자가 사랑에 내가 얼마나 많은 것을 빚진 사람인지를 잘 알게 한다. 주님의 구원은 모든 사람에게 선포되었지만, 오직 그 이름을 믿는 자만이 이러한 고백을 기쁨으로 할 수 있다.

돌이켜보면 나는 하나님께서 맡겨주신 많은 일들을 해왔다. 남편을 만나서 한국에 오고, 엄마로서, 사모로서, 유치원 원장으로서 다양한 경험들을 했다. 비록 이 모든 일들은

아들, 딸, 사위, 며느리, 손자, 손녀들과 함께

겉보기엔 화려하지도 않고, 세상에 큰 유익을 주었던 것은 아니지만 일상의 작은 영역에서 주님의 삶을 실천하려고 노력해 왔기에 무척 감사한 일이다.

사람은 한 치 앞의 일도 보지 못하는 연약한 존재다. 우리는 때때로 모든 걸 움켜쥐고 내 뜻대로 행할 수 있다고 믿지만, 그 일을 계획하시고 인도하시는 분은 주 하나님이시다. 우리가 주님의 뜻을 행하고 실천할 때 우리의 계획은 뜻대로 이뤄질 수 있지만, 주님과 반대되는 생각과 계획을 갖고 있다면 수많은 좌절과 실패를 맛볼 수밖에 없다.

감사하게도 나는 마음속에 뜻한 것이 이뤄지지 못해 좌절했던 적은 없었던 것 같다. 왜냐하면 나는 늘 내 생각보다 주님의 생각이, 내 마음보다 주님의 마음이 드러나기를 소망해왔기 때문이다. 누구에게나 삶은 힘들고 어려운 것이지만, 나 자신을 십자가 앞에 좀 더 내려놓고 말씀 앞에 순종하는 것만큼 주님을 기쁘시게 하는 건 없다.
그래서 나는 천국 가는 그날까지 내 삶의 주도권을 예수님께 더 많이 내어드리고자 한다.

이 책을 읽는 분들이 만약 힘들거나 고난 가운데 처해 있다면, 그 무거운 짐을 예수님께 맡겨드리라고 말하고 싶다.
만약 지금 주님 때문에 기뻐하는 사람이 있다면, 그 일을 멈추지 말고 계속 이어가라고 말해주고 싶다.

갈라디아서 2장 20절 말씀과 함께 내가 좋아하는 찬양은 「내 안에 사는 이」다.

마지막으로 은혜로운 가사를 함께 묵상하며 이야기를 마치고자 한다.

내 안에 사는 이
예수 그리스도니
나의 죽음도 유익함이라

나의 왕 내 노래, 내 생명 또 내 기쁨
나의 힘, 나의 검, 내 평화 나의 주

내 안에 사는 이, 예수 그리스도니
나의 죽음도 유익함이라

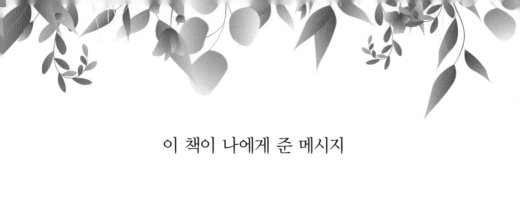

이 책이 나에게 준 메시지

망망한 바다 한가운데서 배 한 척이 침몰하게 되었습니다.
모두들 구명보트에 옮겨 탔지만 한 사람이 보이지 않았습니다.
절박한 표정으로 안절부절 못하던 성난 무리 앞에 급히 달려 나온 그 선원이
꼭 쥐고 있던 손바닥을 펴 보이며 말했습니다.
"모두들 나침반을 잊고 나왔기에…"
분명, 나침반이 없었다면 그들은 끝없이 바다 위를 표류할 수 밖에 없을 것입니다.

우리는 삶의 바다를 항해하는 모든 이들을 위하여
그 나침반의 역할을 하고 싶습니다.
우리를 구원하신 위대한 주 예수 그리스도를 널리 전하고 싶습니다.

"하나님은 모든 사람이 구원을 받으며
진리를 아는 데에 이르기를 원하시느니라"
(디모데전서 2장 4절)

60여 년 동안 한국인으로 사는
트루디 사모의 인생 이야기

한국에 왜 시집왔나

이 책은 「심겨진 그곳에 꽃 피게 하십시오」와
「Mom」과 「파이 굽는 엄마」(김요한 지음/바이북스 발행)의
내용을 허락받아 재편집했습니다.

지은이 | 김 트루디
발행인 | 김용호
발행처 | 나침반출판사

 1판 발행 | 2022년 2월 25일
13판 발행 | 2025년 1월   5일

등 록 | 1980년 3월 18일 / 제 2-32호
주 소 | 157-861 서울 강서구 염창동 240-21 블루나인 비즈니스센터 B동 1607호
전 화 | 본   사(02)2279-6321
          영업부(031)932-3205
팩 스 | 본   사(02)2275-6003
          영업부(031)932-3207
홈페이지 | www.nabook.net
이 메 일 | nabook365@daum.net

ISBN 978-89-318-1636-5
책번호 가-9089

값은 뒤표지에 있습니다.